A GENTILEZA QUE CATIVA

DALLAS WILLARD

A GENTILEZA QUE CATIVA
DEFENDENDO A FÉ COMO JESUS FARIA

Traduzido por ALMIRO PISETTA

Copyright © 2015 por Dallas Willard
Publicado originalmente por HarperCollins Publishers, Nova York, EUA.

Os textos das referências bíblicas foram extraídos da *Nova Versão Transformadora* (NVT), da Editora Mundo Cristão, salvo indicação específica. Usado com permissão da Tyndale House Publishers, Inc. Eventuais destaques nos textos bíblicos e citações em geral referem-se a grifos do autor.

Todos os direitos reservados e protegidos pela Lei 9.610, de 19/02/1998.

É expressamente proibida a reprodução total ou parcial deste livro, por quaisquer meios (eletrônicos, mecânicos, fotográficos, gravação e outros), sem prévia autorização, por escrito, da editora.

CIP-Brasil. Catalogação na Publicação
Sindicato Nacional dos Editores de Livros, RJ

W68g

    Willard, Dallas, 1935-2013
        A gentileza que cativa: defendendo a fé como Jesus faria / Dallas Willard; tradução Almiro Pisetta. - 1. ed. - São Paulo : Mundo Cristão, 2018.
    176 p. ; 21 cm.

    Tradução de: The allure of gentleness: defending the faith in the manner of Jesus
    ISBN 978-85-433-0281-2

    1. Apologética. 2. Fé. 3. Crescimento espiritual - Cristianismo. I. Pisetta, Almiro. II.

18-47809   CDD: 239
                                                                               CDU: 2-285.2

Categoria: Teologia

Publicado no Brasil com todos os direitos reservados por:
Editora Mundo Cristão
Rua Antônio Carlos Tacconi, 79, São Paulo, SP, Brasil, CEP 04810-020
Telefone: (11) 2127-4147
www.mundocristao.com.br

1ª edição: maio de 2018

Para Larissa Raphael Heatley, menina dos olhos de seu avô e belo exemplo de como usar de gentileza e amor para levar as pessoas ao reino de Deus.

Sumário

Prefácio   9
Introdução   13

1. Começando a pensar como Cristo   19
2. A carta régia da apologética no Novo Testamento   33
3. Apologética bíblica   45
4. Fé e razão   61
5. Comunicação entre Deus e a humanidade   85
6. O problema do sofrimento e do mal   109
7. Vivendo e agindo com Deus   135

Agradecimentos   161
Fontes suplementares para estudo   163
Notas   167

Prefácio

Quais são as perguntas difíceis que sufocam a fé?
Dallas Willard

A pergunta acima provém de uma conversa que tive com meu pai, Dallas Willard, sobre esta obra. Ele pretendia que este livro respondesse a perguntas difíceis. Em outras discussões, ele articulou o sentido que queria dar a este texto: "Gentileza: apologética ao estilo de Jesus". Não uma gentileza marcada pela passividade, mas uma gentileza radiante que segue lado a lado conosco, passando por montes íngremes e vales escuros. Ele queria que este livro ajudasse as pessoas a lutar contra dúvidas comuns e a responder a perguntas difíceis, concedendo mais espaço para que o Espírito aumentasse nelas a fé.

Gentil sempre foi uma palavra bastante usada para descrever meu pai. Ele tinha uma gentileza que parecia derivar dos tantos anos vividos sob a luz de Cristo e seu jugo suave. A gentileza é uma ausência de poder ou um poder nascido do Espírito e abrigado na sabedoria? Mateus 12.20 diz que Jesus não quebraria nem mesmo um caniço rachado e não apagaria sequer um pavio fumegante; contudo, sua gentileza desencadeou uma revolução mundial. De muitas maneiras, parece que Jesus não foi uma figura influente apesar de sua gentileza, mas por causa dela.

Hoje em dia, a apologética se tornou uma espécie de competição de ringue, orbitando em torno de provas da existência de Deus e do envolvimento divino nos fatos do mundo. Tornou-se um campo de renhida batalha para debates que opõem *design* inteligente e darwinismo, e também para outras discussões candentes sobre religião *versus* ciência. O que se perde hoje na "apologética" é a habilidade de tratar com gentileza e amor — e até mesmo *receber com alegria* — as dúvidas e perguntas honestas que oprimem a fé dos que creem. "Mas a sabedoria que vem do alto é, antes de tudo, pura. Também é pacífica, sempre amável e disposta a ceder a outros. É cheia de misericórdia e é o fruto de boas obras. Não mostra favoritismo e é sempre sincera" (Tg 3.17).

Da mesma forma que *A conspiração divina* tratou do discipulado como um aspecto problemático da concepção que temos acerca do evangelho pregado por Jesus, meu pai e eu esperávamos que este livro ajudasse a devolver o campo da apologética a suas raízes: sabedoria e gentileza.

Este livro começou como uma série de quatro palestras proferidas por meu pai em 1990, na Igreja da Graça em Los Alamitos, Califórnia. Anos atrás, ao ouvir gravações dessas palestras em fitas cassete, fiquei impressionada com a singularidade de seu ensinamento, em particular no que diz respeito à maneira como deveríamos abordar a apologética. Perguntei a meu pai como ele via a ideia de me deixar transcrever as palestras, para que pudessem ser publicadas na forma de livro. Ele concordou de imediato, sob a condição de que pudesse fazer emendas ao texto para garantir que todos os tópicos importantes fossem incluídos.

Antes de começarmos a trabalhar nesses pontos importantes, meu pai iniciou sua luta contra problemas de saúde e, por fim, foi diagnosticado com câncer. Durante muitos meses ele me disse: "Não faça nada com o livro por enquanto. Vamos trabalhar nele quando eu me sentir melhor". Na ocasião de seu falecimento, eu tinha apenas a lista das emendas que ele queria fazer, com várias anotações sobre tópicos específicos. Felizmente, ele nos deixou textos e gravações que deram conta de tudo o que estava na lista. Aquela série de palestras realizadas na Igreja da Graça forneceu um conteúdo significativo que permitiu esquematizar e desenvolver o livro, enquanto as anotações de uma série semelhante de palestras proferidas no Colégio Batista de Los Angeles e os apontamentos para um curso de apologética bíblica na Escola de Direito Simon Greenleaf constituíram excelente material que serviu para aprofundar seus ensinamentos. Alguns dos ensaios e artigos de meu pai escritos para outras ocasiões completaram alguns dos tópicos adicionais. Isso inclui um texto muito importante intitulado "O sofrimento, a existência de Deus e problemas afins", que constitui a fonte primária do capítulo sobre o mal.

Devo agradecer em especial ao falecido Frank Pastore, da rádio KKLA de Los Angeles, e a John Ortberg, da Igreja Presbiteriana de Menlo Park: ambos entrevistaram meu pai em muitas ocasiões e lhe fizeram perguntas difíceis sobre vida e fé. Segmentos das gravações dessas entrevistas forneceram conteúdo adicional sobre alguns tópicos deste livro.

Ao alinhavar todo esse material, senti-me como um alfaiate que foi abençoado com uma peça de tecido fino cuja estampa é perfeita. O tecido e a estampa provêm diretamente de Dallas; apenas a costura é minha. Em oração, peço que eu tenha conseguido costurar tudo isso de tal maneira que a linha não apareça e que apenas os pensamentos e as ideias de meu pai sejam visíveis. Que este livro possa nos ajudar a ser "simples, humildes e atenciosos, ouvindo os outros e ajudando-os a abraçar a fé no Único doador da vida", como orou meu pai.

Rebecca Willard Heatley
Junho de 2014

Introdução

Na maioria das vezes, quando pessoas familiarizadas com a palavra *apologética* ouvem alguém se referindo a ela, provavelmente a associam a termos como *discussão*, *prova*, *razão* e *defesa*.[1] Mas poucos pensariam em acrescentar à lista as palavras *gentil* ou *gentileza*.

Isso acontece porque a palavra *apologética* provém do sistema jurídico grego, no qual um cidadão apresenta sua *defesa* contra as acusações do demandante. Esse não é o contexto ideal para gentilezas. Mas o apóstolo Paulo e outros autores do Novo Testamento adaptaram o termo, de modo que apologética passou a descrever as tentativas cristãs de *defender* ou *explicar* a fé para outros. E foi dessa maneira que a igreja passou a usar tal palavra.

Por exemplo, tendo em vista que os quatro Evangelhos foram escritos em defesa da identidade de Jesus e de sua atuação e ensino, seus autores são chamados de *apologistas*, como são denominados hoje os que se especializam em defender o cristianismo contra seus críticos. Desde a época dos grandes debates que envolviam o surgimento da ciência e do racionalismo, e os consequentes ataques contra o compromisso da igreja com o sobrenatural, a apologética tem se mostrado cada vez mais preocupada com disputas e discussões de ordem intelectual.

Ora, em princípio, não há nada de errado nisso. Uma vez que a apologética diz respeito a ideias, a alegações intelectuais e ao raciocínio, é justo que os apologistas se envolvam em debates e discussões. Todavia, como veremos neste livro, dado que estamos buscando praticar a apologética ao estilo de Jesus, o que não é adequado é que esses debatedores se comportem de modo arrogante e ofensivo. De fato, a melhor maneira de tornar mais convincentes os argumentos intelectuais da apologética é combinando-os com um espírito gentil e uma postura respeitosa.

Quando praticamos a apologética, nós o fazemos como discípulos de Jesus e, portanto, devemos agir como ele agiria. Isso significa, acima de tudo, que o fazemos para ajudar as pessoas, sobretudo aquelas que *desejam* ser ajudadas. É assim que todo o trabalho de Jesus é caracterizado nas Escrituras. A apologética é um ministério de ajuda.

O quadro apresentado no contexto de 1Pedro 3.8-17 mostra discípulos dedicados à promoção do bem, e eles são perseguidos por isso. Como Jesus ensinara, esses discípulos deviam alegrar-se e regozijar-se (Mt 5.12). Isso levou aqueles que os observavam a indagar como podiam sentir-se alegres e esperançosos naquelas circunstâncias. Naturalmente, a pergunta não poderia ser outra naquele mundo rancoroso, desprovido de esperança e alegria. Assim os discípulos foram orientados por Pedro: "E, se alguém lhes perguntar a respeito de sua esperança, estejam sempre preparados para explicá-la. Façam-no, porém, de modo amável e respeitoso" (1Pe 3.15-16).

Quando apresentamos nossa explicação, nossa apologética, como um ato de amor ao próximo, com mansidão e respeito, Jesus pede que sejamos "astutos como as serpentes e sem malícia como as pombas" (Mt 10.16, NVI). A astúcia, sabedoria das serpentes, consiste em senso de oportunidade, que resulta de observação atenta. Quanto às pombas, sua falta de malícia se refere à incapacidade de enganar ou corromper quem quer que seja. Assim devemos ser. O amor pelas pessoas com quem lidamos nos ajudará a observá-las de modo cuidadoso, sem manipulação, ao mesmo tempo que desejamos e pedimos ardentemente em nossas orações que elas venham a reconhecer Jesus Cristo como o Senhor do mundo onde vivem.

O que significa sermos caracterizados pela gentileza? Em primeiro lugar, significa sermos humildes. O amor nos purificará de qualquer desejo de vencer por vencer, bem como da hipocrisia intelectual e do menosprezo pelas opiniões e habilidades dos outros. O apologista que defende Cristo se caracteriza pela "humildade total" (*tapeinophrosunen*;[2] Cl 3.12; At 20.19; 1Pe 5.5), um conceito que é fundamental no Novo Testamento mas que nossa palavra "humildade" não consegue captar por si só.

Assim, o chamado a "dar uma explicação" não é um convite a forçar pessoas indispostas a uma submissão intelectual, mas um apelo a servir quem está necessitado. De fato, muitas vezes isso implica servir quem está preso nas garras de sua própria hipocrisia e orgulho, sentimentos geralmente reforçados pelo ambiente social em que a pessoa vive.

Em segundo lugar, praticamos a apologética como servos incansáveis da *verdade*. Jesus, que disse: "De fato, nasci e vim ao mundo para testemunhar a verdade" (Jo 18.37), é chamado de "a testemunha fiel e verdadeira" (Ap 3.14). É por isso que declaramos a razão de nossa fé *de modo respeitoso* (ou *com temor*, segundo outras traduções). A verdade revela a realidade, e a realidade pode ser descrita como aquilo com que nós, seres humanos, colidimos quando estamos errados — uma colisão na qual sempre saímos perdendo.

Estar errado a respeito da vida, das coisas de Deus e da alma humana é um assunto terrivelmente sério. É por isso que o trabalho da apologética é tão importante. Proferimos, assim, "a verdade em amor" (Ef 4.15). E falamos com toda clareza e razoabilidade possíveis ao mesmo tempo que confiamos que "o Espírito da verdade" (Jo 16.13) toma o que fazemos e realiza algo que vai muito além de nossas capacidades naturais.

Descobrir a verdade real é o ponto de referência que compartilhamos com todos os seres humanos. Ninguém pode viver sem a verdade. Embora possamos discordar sobre quais casos particulares são verdadeiros ou falsos, a submissão à verdade, seja ela o que for, nos permite equiparar às outras pessoas como honestos companheiros de investigação. Nossa atitude não é, portanto, algo do tipo "nós contra eles", mas do tipo "todos juntos". E estamos aqui para aprender juntos, não apenas para ensinar.

Assim, quando possível — às vezes não é, por causa de outros —, damos a razão de nossa fé como se estivéssemos em uma investigação mútua, motivados por um amor generoso. Por mais firmes que sejamos em nossas convicções, não nos tornamos contundentes, desdenhosos, hostis ou defensivos. Sabemos que o próprio Jesus não agiria assim, porque desse jeito não se pode ajudar ninguém. Ele não precisou disso, e nós também não precisamos. E na apologética, como em tudo, ele é nosso modelo e mestre. Nossa confiança reside totalmente nele. Este é o "lugar especial" que lhe concedemos — o modo como nós, em nosso coração, santificamos Cristo como Senhor (1Pe 3.15) —: no crucial serviço da apologética.

E é por isso que nossa apologética precisa ser caracterizada pela gentileza. Como Jesus, estamos estendendo as mãos em atitude de amor e em espírito de humildade, sem nenhuma coerção. A única maneira de conseguir isso é apresentando nossa defesa gentilmente, como ajuda oferecida com amor, ao estilo de Jesus.

Mas isso não é tudo. O significado daquilo que comunicamos deve ser gentil, pois a gentileza também caracteriza o assunto de nossa comunicação. O que buscamos defender ou explicar é o próprio Jesus, que é um pastor gentil, amoroso. Se não formos gentis na forma de apresentar as boas-novas, como poderão as pessoas descobrir o gentil e amoroso Messias que pretendemos lhes mostrar?

E, finalmente, em uma época moldada pelos belicosos compromissos intelectuais e pelas batalhas culturais sobre religião, ciência, verdade e moral, como conseguiremos que alguém nos dê ouvidos mediante nossa mera insistência de que temos a verdade e a razão do nosso lado? Muitos fizeram essas alegações antes de nós. Alguns movidos por um espírito de agressão, alguns por medo, e outros por arrogância. Nossa apologética acontece em um contexto eivado de inimizade, hostilidade, insultos e outras formas de oposição, o que, em última análise, vai exatamente contra aquilo que nossa mensagem exalta. É por isso que nossa apologética tem de incluir a mensagem e a pessoa que queremos divulgar. Só "de modo amável e respeitoso" as pessoas poderão ver, confirmar e sentir-se persuadidas a responder àquilo que temos a dizer.

Ao longo deste livro, vou apresentar muitos tópicos importantes sobre o que significa defender a fé no século 21, incluindo o papel da Bíblia, a ética, a filosofia e a história das ideias, entre outros assuntos. Mas tudo será perdido se a gentileza que cativa não impregnar o que fazemos.

1

Começando a pensar como Cristo

Oro para que o amor de vocês transborde cada vez mais e que continuem a crescer em conhecimento e discernimento. Quero que compreendam o que é verdadeiramente importante, para que vivam de modo puro e sem culpa até o dia em que Cristo voltar. Que vocês sejam sempre cheios do fruto da justiça, que vem por meio de Jesus Cristo, para a glória e o louvor de Deus.

Filipenses 1.9-11

Por isso, desde que ouvimos falar a seu respeito, não deixamos de orar por vocês. Pedimos a Deus que lhes conceda pleno conhecimento de sua vontade e também sabedoria e entendimento espiritual. Então vocês viverão de modo a sempre honrar e agradar ao Senhor, dando todo tipo de bom fruto e aprendendo a conhecer a Deus cada vez mais.

Colossenses 1.9-10

A apologética é um ministério do Novo Testamento que faz uso do pensamento e do raciocínio, confiando na atuação do Espírito Santo para auxiliar quem tem o desejo sincero de abandonar a descrença e a desconfiança em relação a Deus e a seus bons propósitos para a humanidade. O trabalho da apologética ajuda as pessoas a conhecer fatos que estão especialmente relacionados com Jesus Cristo e a crer neles: sua vinda a este mundo, sua vida e morte e, agora, a continuação de sua vida em nós. A apologética é um ministério fundamental do Novo Testamento.

Hoje, *apologética* é uma palavra um tanto agourenta. Se você disser a seus vizinhos: "Vou fazer apologética com vocês", eles provavelmente vão fugir e se esconder. Mas estamos falando, na realidade, de ajudar as pessoas a se livrarem de dúvidas que impedem sua participação plena e entusiasmada no reino dos céus[1] e seu discipulado em Cristo. Nas Escrituras, temos muitas indicações claras acerca da necessidade de aumentarmos nossa fé: começamos com a fé, mas avançamos para o conhecimento; devemos crescer não apenas em graça, mas também no conhecimento de nosso Senhor e Salvador, Jesus Cristo (2Pe 1.5; 3.18).

Não há nada de errado com a fé. Ela é a confiança ou a segurança em relação a algo cuja veracidade pode ser confirmada ou não. Mas uma coisa que devemos ter em mente sobre a fé é que ela pode estar errada. Às vezes, depositamos nossa confiança e nossas convicções em coisas que nos traem, por serem falsas. Os cristãos não são os únicos que vivem pela fé. Todo mundo vive e morre por fé. A fé em si não é necessariamente uma coisa boa ou ruim. Contudo, há uma fé que salva, e essa é uma coisa boa. Mas há também tipos de fé que levam à condenação. E há também situações nas quais vivemos sem que disponhamos de conhecimento ou fé; ficamos simplesmente na dúvida. Essas são circunstâncias com as quais Jesus muitas vezes teve de lidar. E desejamos aprender a agir como ele agiu diante da dúvida. (Um bom exemplo da metodologia de Cristo é verificado na conversa que ele teve com a mulher samaritana junto ao poço, relatada em João 4.)

A fé não se opõe às provas que podemos auferir pela percepção ou pela razão. Qualquer coisa que possamos usar para solucionar uma dúvida que nos aflige ou que atormenta outros ao nosso redor é boa. Deus nos deu capacidades naturais, e é justo e bom devotá-las a ele.

O intelecto é bom. Nossas habilidades naturais de percepção são boas, e elas não se opõem à fé. Por favor, atentem para isto: nossas habilidades naturais não se opõem à fé. Sim, vivemos pela fé e não pelo olhar, mas tentem não usar a vista para nada e vocês saberão no que isso vai dar. Quando Jesus caminhou sobre a terra, ele empregou *todos* os seus poderes humanos — todos eles —, e nós somos convidados a devotar *todos* os nossos poderes humanos a Deus para que possamos viver submissos a ele conforme sua intenção.

Então, sob a orientação e o poder do Espírito Santo, usamos nossa razão natural no trabalho da apologética, visando trazer informação e promover o raciocínio a fim de resolver as dúvidas que impedem uma percepção clara e estável das realidades do reino de Deus.

Escondendo-se de Deus

As pessoas também podem usar a razão para se esconderem de Deus, e ele vai cooperar com elas (até certo ponto). Deus estabeleceu que, se quisermos nos esconder dele, ele se esconderá de nós. Ele criou o mundo e organizou a história de maneira tal que os seres humanos tenham um meio de se esquivar dele, mas também de um modo que consigam descobri-lo. Muita gente se pergunta acerca dessa verdade, e eu vou tratar dela com cuidado no capítulo 6.

Talvez alguém se lembre do velho truque do "ateu da aldeia", que colocava um relógio sobre o púlpito e dizia: "Ora, se existe um Deus, ele tem de me fulminar no prazo de cinco minutos". Nenhuma pessoa que fez esse desafio recebeu uma resposta. Essa é uma prática comum entre os norte-americanos, mas pode estar prestes a cair no esquecimento. Gente como Bob Ingersoll, orador que viveu no século 19, e outros costumavam cruzar o país tentando atormentar as igrejas com esse tipo de artimanha. Como se a falta de resposta a tal desafio fosse de fato uma prova! Isso equivale a considerar que, ao atravessar sua sala, uma formiga venha a dizer: "Se há alguém lá em cima lendo um livro, em cinco minutos ele o atirará em cima de mim". Ora, você tem coisas mais importantes para fazer do que atirar um livro em uma formiga! E, no fim das contas, se quisesse se relacionar com formigas, uma das coisas que *não* faria seria andar por aí atirando livros sobre elas. Esse é apenas um exemplo dos pequenos truques baseados em suposições totalmente erradas acerca da natureza divina. E, na verdade, as pessoas que pregam peças como essa não querem descobrir Deus, e também não querem que você o descubra.

Outra maneira de as pessoas se esconderem de Deus é por meio de sistemas de ideias. Deixe-me contar sobre um sistema de ideias que os cristãos precisam discutir. Trata-se da noção de que nós simplesmente *cremos* na igreja, mas não *sabemos* de nada. É a ideia de que o conhecimento é o *contrário* da fé. As pessoas conhecem as coisas que veem no *shopping center*, no banco e na escola. Mas, quando se trata de igreja, não há mais conhecimento, apenas fé.

É muito difícil acreditar no que vou dizer, mas, se quiser entender por que o evangelho cristão vem sendo tão ultrajado por aqueles que dirigem sistemas jurídicos e educacionais, você precisa entender que essa gente foi treinada, mediante um sistema de ideias, para acreditar que o cristianismo é *simplesmente mais uma superstição* — a qual, além de tudo, já obteve muitos benefícios jurídicos, devendo, assim, ser despojada de tais vantagens. Isso está profundamente arraigado no sistema de ideias que rege o mundo que nos cerca.

Muitos cristãos, no fundo de sua alma, também acreditam que a fé é tão somente mais uma superstição. De fato acreditam nisso. É por esse motivo que costumo dizer que conheço muita gente que acredita em Jesus, mas não acredita em Deus. É possível que eu diga várias coisas neste livro que deixem você preocupado, e espero que isso aconteça. Veja bem, eu não levo a vida supondo que estou certo a respeito de tudo, mas vivo, sim, supondo que deveríamos fazer sérias inquirições e usar nossa mente em conjunto, em submissão a Deus, à procura de entendimento.

O que é conhecimento?

Precisamos entender bem o que é conhecimento e como ele funciona, pois uma das mais sérias questões que enfrentamos como igreja é saber se temos *conhecimento* ou apenas *crença*. Quando acreditamos em alguma coisa, nós nos dispomos a agir como se ela fosse verdadeira sempre que as circunstâncias assim permitem.

Ora, também é importante distinguir aqui o que é crença e o que é compromisso. É possível uma pessoa estar comprometida com alguma coisa e, ainda assim, não acreditar nela. Quando o assunto é esporte, constata-se isso o tempo todo. Ainda que a equipe esteja perdendo de três a zero e só faltem dois minutos para o término, a torcida continua gritando: "Vamos lá! Acabem com eles! Vamos ganhar!". Pode-se acreditar em algo que, no fim, se mostra falso. Mas, quando se *conhece* determinada coisa, é possível confiar nela.

Eu defino *conhecimento* como *a capacidade de lidar com as coisas tais quais elas são, em uma base apropriada de pensamento e experiência*. Isso inclui coisas que conhecemos por meio de autoridades, pois grande parte do que sabemos chegou até nos pelos professores e por livros. Provavelmente, ninguém levaria seu carro para uma oficina mecânica em cuja porta houvesse uma placa com o seguinte anúncio: "Temos muita sorte em nossos consertos". Preferimos levá-lo para quem *sabe* como consertar carros. Procuramos uma oficina capaz de cuidar do veículo, tal qual ele se encontra, e o fazemos com base em pensamento e experiência.

O que constitui uma "base apropriada" depende da natureza do conhecimento em questão. Não existe, até onde sabemos, *nenhuma fórmula geral perfeita* para uma "base apropriada" ou "prova conclusiva" que inclua todos os tipos de conhecimento, e muitos dos resultados infelizes do pensamento "moderno" poderiam ser atribuídos a notórios pensadores que insistiram em uma ou outra dessas fórmulas. Mas nós, apesar disso, quando estamos em contextos específicos, somos capazes de determinar perfeitamente bem as pessoas que conhecem ou não conhecem certo assunto — por exemplo, o alfabeto grego, a tabuada ou o funcionamento de uma máquina de costura.

Hoje em dia, não é incomum ouvir gente falando como se existisse algo identificável como "método científico" e afirmando que somente esse método constitui a base adequada do conhecimento — que somente ele é o tubo pelo qual flui o saber. O método científico é utilizado para tirar conclusões baseadas em dados mensuráveis e passíveis de teste, e uma vez que essas conclusões derivam de testes, são vistas como conhecimento verificável. Qualquer coisa que não possa ser processada dessa maneira não conta como conhecimento. Isso significa, com efeito, propor uma fórmula geral para uma "base apropriada" ou "prova conclusiva".

Há vários problemas nessa visão. Um deles é que quase tudo o que conhecemos *não* tem a ver com esse tipo de conhecimento. Não usamos tal método científico para o conhecimento do alfabeto grego, da melhor maneira de sair do ponto A para chegar ao ponto B, ou da arte, da moral e dos relacionamentos pessoais. Outro problema é que não temos o menor indício sobre como seria uma solução "científica" para muitos problemas humanos urgentes. Se o método científico não consegue nos ajudar na solução de alguns problemas, será que esses problemas devem ser abandonados e ficar à mercê do poder e de outras formas de irracionalidade?

Outro problema com a afirmação de que somente a ciência tem conhecimento é que uma quantidade significativa de coisas que "saíram do tubo de ensaio" acabaram se revelando falsas. Há inúmeros exemplos disso catalogados na internet sob o rótulo "Teorias científicas ultrapassadas". Será que o fato de tais conceitos terem *realmente* saído do tubo científico os torna conhecimento? (Há quem de fato afirme isso.) Mas esse ponto leva a outras perguntas sobre como identificar esse "tubo" e como ter certeza de que algo realmente sai dele.

O que temos concretamente na vida real são indivíduos com credenciais científicas dizendo isso ou aquilo. Dizemos "ciência", mas, na verdade, há ciências, como a física e a biologia. Dizemos "religião", mas seria mais exato dizer religiões, como o cristianismo e o budismo.

Os cientistas vão lhe dizer que eles têm um método, mas o método de uma ciência não funciona em outra ciência. O método de validação de uma teoria na biologia não funciona particularmente bem na astronomia. O método está sempre vinculado ao assunto, e no cotidiano não existe nada que resulte de um método científico único. Será que alguma das ciências ou o método científico lhe diz como você se torna uma pessoa boa? A ciência não sabe lidar com algo desse gênero porque algumas questões não são quantificáveis. A ciência acaba sendo apenas uma porção do campo muito mais amplo que é o conhecimento.

O conhecimento é o resultado de um envolvimento contínuo com um assunto, e, quando o conhecimento chega, vem com ele certa autoridade. Se você tem conhecimento, está autorizado a agir, a supervisionar a ação, a formular políticas e assegurar que sejam implementadas, e a ensinar. Se você tiver apenas crença ou fé, não disporá desse tipo de autoridade. As pessoas que atuam com base no conhecimento — algo que puderam testar e pôr em prática — têm uma maneira única de interagir com a realidade. Elas eliminaram a dúvida e a mente dividida sobre as quais lemos em Tiago 1.6-8, e não se pode superestimar a importância disso. É óbvio que ainda agimos baseados na fé e em nossas crenças, mas as pessoas não são unânimes em reconhecê-las como verdade, ao contrário do que acontece com o conhecimento.

A razão é um dom de Deus

A razão é um processo ou comportamento humano muito semelhante ao ato de enxergar ou caminhar. Assim como essas ações, ela é parte fundamental do que constitui um ser humano, em tal medida que a pessoa que não consegue raciocinar seria considerada um deficiente grave — pior até mesmo do que alguém meramente cego ou portador de alguma deficiência física. De fato, muitos considerariam "sub-humano" um indivíduo incapaz de raciocinar, o que não se aplicaria a quem está incapacitado de enxergar ou caminhar.

Em certos contextos, porém, há uma tendência a degradar aquela parte de nós que Deus criou e que se chama razão. Isso é deplorável e foi causa de verdadeira aflição e profundo sofrimento, pois levou as pessoas a acreditar que a razão e a capacidade humana de entendimento se opõem à fé. Óbvio, é exatamente isso que o inimigo quer. Ele repete: "Claro! Simplesmente abandonem toda a fortaleza, pois eu vou tomá-la!". Foi exatamente o que aconteceu em meados do século 20 em muitas igrejas e certamente nas universidades. A ideia de que ser cristão envolvia algo racional foi simplesmente abandonada. E agora, se alguém afirma ter conhecimento baseado em suas crenças religiosas, a inteligência dessa pessoa é seriamente questionada.

O espírito da apologética

Nossa história certamente arremessou algumas bolas com efeito e nos confundiu acerca da natureza do ministério da apologética do Novo Testamento. Espero esclarecer alguns pontos relativos a isso ao tratarmos de problemas particulares da apologética. Mas permita-me enfatizar este ponto: *a apologética em si tornou-se um problema*, e isso vale tanto para seu conteúdo quanto para seu espírito, isto é, seu sentido. E vamos falar bastante sobre o *espírito* da apologética, algo que, para mim, é uma questão central sobre como a apologética deve ser apresentada.

Embora a apologética seja a defesa racional de uma posição qualquer, a apologética *cristã* é o único tipo de defesa que me interessa. E a própria natureza da apologética cristã requer que ela seja praticada como faria Jesus. A apologética não é uma espécie de competição, com vencedores e perdedores. É um serviço amoroso. É a descoberta de respostas para fortalecer a fé. Ela deveria ser praticada no espírito de Cristo e com seu tipo de inteligência, que, a propósito, está ao nosso alcance (Fp 2.5).

As pessoas que estão seguindo o caminho de Cristo devem ser as que melhor raciocinam em todo o planeta, assim como devem ser melhores em todas as outras coisas, porque dispõem de um auxiliar que lhes diz: "Estou sempre com vocês" (Mt 28.20). Jesus nos ajudará a pensar e nos dará seu Espírito. Veremos em detalhes como seria fazer uma apologética no espírito de Cristo.

À mercê de nossas ideias

São as ideias que fazem o mundo funcionar — ou não funcionar, conforme o caso. *As pessoas estão totalmente à mercê de suas ideias.* Temos, cada um de nós, um mapa mental dos conceitos que temos sobre a vida, sobre quem somos, e assim por diante. E esse mapa nos diz como as coisas se mantêm coesas, o que é importante e o que leva a quê. Sempre que tratamos dos principais objetivos da vida humana, consultamos esse mapa. Mesmo se quisermos conseguir um referencial melhor, tudo de que dispomos é o mapa que já temos. Isso deveria nos tornar muito humildes. Deveria nos predispor a recorrer a Deus e dizer: "Senhor, corrige meu mapa. Orienta minhas ideias".

No entanto, se existe algo de que tendemos a ser extremamente orgulhosos é de nossas ideias. Às vezes elas estão erradas, e mesmo assim nos gabamos delas. Não raro, acontece de termos acolhido algumas ideias em algum lugar há muito tempo, tornado-as cláusula pétrea, e, então, tudo o que fazemos é manter-nos fiéis a elas. Pois bem, há noções que podem ser *falsas*. E, no entanto, ainda assim nos vemos à mercê de conceitos desse tipo. Em vista disso, precisamos nos certificar de que nossas ideias estão construídas sobre a verdade e a realidade.

O que é a verdade?

A principal visão cultural da atualidade diz que não existe nenhuma verdade ou realidade objetiva; que aquilo que chamamos de "fatos" são apenas produtos humanos; que o conhecimento nada mais é do que "a melhor prática profissional", como é geralmente definido. Nas palavras de Lily Tomlin: "O que é a realidade no fim das contas? Nada além de uma suspeita coletiva".[2] Os princípios morais, mais que quaisquer outros, são vistos como meros preconceitos de certos grupos, nenhum dos quais superior a qualquer outro porque, sem Deus, não temos nenhum ponto onde nos fixar para uma perspectiva dos instáveis cenários da história, dos costumes e dos desejos humanos.

A visão tradicional da verdade sempre foi a de que a verdade, o conhecimento e a realidade não dizem respeito àquilo que alguém ou um grupo *pensa*. A tarefa da verdade é chegar a um entendimento correto do que realmente existe, *independentemente de como você ou os outros a veem*. A terra é redonda; você precisa ter gasolina no tanque para fazer seu carro andar e dinheiro em sua conta bancária para fazer compras; você se torna indigno ao praticar o que é moralmente errado; você enfrentará um julgamento após a morte e um tipo destino eterno, não importa o que pensa ou não a respeito dessas coisas. A verdade era, portanto, absolutamente preciosa (Pv 23.23; Is 59.14-15; Jo 18.37) e não podia coexistir com o mal.

A verdade é tão importante que Jesus Cristo veio ao mundo para testemunhar dela, e seus seguidores, a igreja, são "coluna e alicerce da verdade" (1Tm 3.15). A verdade é mais vital que o alimento porque somente por ela conseguimos ser bem-sucedidos ao lidar com a comida e com as demais realidades das quais dependem nossa existência e bem-estar.

A verdade é preciosa para a vida humana em todas as suas dimensões, pois só por meio dela podemos chegar a um acordo com a realidade. Se suas convicções sobre seu automóvel são falsas, você enfrentará desagradáveis choques com a realidade. E isso se aplica a tudo, dos investimentos às relações pessoais, até Deus. A verdade não é tudo, mas sem ela nada dá certo. E, quando pensamos no evangelho de Cristo e no que fazemos como cristãos, precisamos entender essas coisas no âmbito da verdade, da informação indispensável. Se não enxergarmos o evangelho sob esse prisma, simplesmente não o entenderemos. As palavras de Jesus são a melhor informação sobre os assuntos mais relevantes para os seres humanos, saibam eles disso ou não. Cristo é o único fundamento sólido para nossas ideias.

Corrigindo nossas ideias por meio do discipulado

Eis, então, um exemplo de uma grande ideia de Jesus: "Arrependam-se, pois o reino dos céus está próximo" (Mt 4.17). O tempo está completo. O reino dos céus está exatamente aqui. Foi isso que Jesus pregou. Ele pregou a disponibilidade imediata do reino dos céus para qualquer um que se voltasse e caminhasse para dentro dele. Pregou o discipulado como sendo a maior oportunidade que um ser humano pode um dia vir a ter. Pregou o discipulado porque essa é uma forma de corrigir nossas ideias.

O problema aqui é que a palavra *discípulo* passou a significar muito pouco. Você se beneficiaria se relesse sua Bíblia e inscrevesse a palavra *estudante* ou *aprendiz* em todos os pontos em que encontrasse a palavra *discípulo*, pois um discípulo é um estudante, um aluno, um aprendiz. Jesus diz: "Venham a mim todos vocês que estão cansados e sobrecarregados, e eu lhes darei descanso". Conhece o versículo seguinte? "Tomem sobre vocês o meu jugo. Deixem que eu lhes ensine, pois sou manso e humilde de coração, e encontrarão descanso para a alma" (Mt 11.28-29). Esse é um relacionamento de aprendizagem.

Pois bem. Há muita confusão acerca do discipulado em nossa época. Há muitos ensinamentos sugerindo que é possível ser um cristão sem ser um discípulo. Não vou tratar disso aqui, mas você pode encontrar discussões detalhadas acerca desse tópico nas obras *A conspiração divina* e *A renovação do coração*, ambas de minha autoria. Essa é uma questão sobre a qual você precisa refletir durante toda a vida. É necessário responder com clareza mental às seguintes perguntas: "Sou um discípulo de Jesus Cristo? Sou um aprendiz de Jesus Cristo?". O evangelho é isso. Essas ideias terão um efeito fantástico no mapa de sua mente.

O significado e o método da vida no Espírito

O mais alto objetivo de quem estuda Jesus Cristo é aprender a viver como ele em seu reino. Isso implica *planejamento* para ser como Jesus. Em essência, o que Jesus está nos dizendo em Mateus 4.17 é o seguinte: "Planeje sua estratégia para a vida à luz do novo fato de que você pode agora viver sob o reino de Deus, que já está disponível para você, provindo dos céus". O método de aprendizado para viver plenamente uma vida espiritual é praticar o que Jesus praticou. *Siga-o*. Isso nos reveste da graça divina e transforma nossas habilidades.

Nossas atividades devem derivar de um discipulado no qual dependamos constantemente da interação do Espírito Santo com nossa alma, interação essa em que nos recusamos a depender de nossas capacidades naturais e relacionamentos — sociais ou físicos — mundanos, "longe de Deus". Em décadas recentes, vimos fracassos assombrosos da parte de ilustres pregadores, professores e "comunicadores". Em todos eles, o malogro resultou de atitudes e comportamentos que teriam sido eliminados por medidas que são óbvias para quem está realmente preparado para *seguir* o estilo de vida de Jesus, ou para seguir o modelo de Paulo, que diz aos coríntios: "Sejam meus imitadores, como eu sou imitador de Cristo" (1Co 11.1).

Assim, ao responder a esse convite para pensar como Deus, anular a falsidade e procurar a verdade e a realidade, você só precisa ser fiel à exigência que todo discípulo deve acatar: ter um plano de atividades específicas que estimulem a identificação cada vez maior com Cristo. É a isso, e nada mais, que se referem as disciplinas para a vida espiritual. São situações nas quais agimos voluntariamente para acolher a realidade do reino de Deus em aspectos nos quais somos essencialmente carentes. De certa forma, são atividades que constituem a única maneira pela qual o ministério de Cristo pode, hoje, cumprir a última cláusula da Grande Comissão registrada em Mateus 28.20: "Ensinem esses novos discípulos a obedecerem a todas as ordens que eu lhes dei". Pelo fato de nós, reagindo contra tais disciplinas, termos deixado de cultivá-las no âmbito da salvação pela graça mediante a fé, nossas congregações de cristãos confessos são agora devastadas pelo antinomianismo (a crença de que a lei não tem nenhuma utilidade nem implica nenhuma obrigação). Ninguém lhes mostrou *como* seguir as pegadas de Cristo.

Em meu livro *O espírito das disciplinas*, discuto as disciplinas espirituais nas categorias de *abstinência* (solitude, jejum, silêncio) e *engajamento* (estudo, adoração, serviço, oração etc.). Quem estuda Cristo se envolve com seriedade, propósito e tenacidade em uma ampla gama dessas atividades, e outras similares, como parte de um plano para crescer na semelhança dele. Observe como Cristo costumava agir e confie nele o suficiente para seguir seu estilo de vida. O fundamento da apologética é essa nova vida que vem do alto à medida que é vivida pelo apologeta.

O que você pensa de si mesmo determina seu comportamento. Quando nós, que estudamos Cristo, dizemos que a questão das ideias é de suma importância, também trazemos Jesus para essa esfera de estudo. Devemos dizer: "Jesus, aqui também, vou ser teu aluno. E não vou aprender apenas o que tu queres que eu aprenda sobre a verdade. Vou aprender o que queres que eu aprenda sobre ministrar como teu ministro". Quando tivermos esses fatores em ordem — a relevância das ideias e o papel do discipulado (ser um estudante naquela tão importante esfera das ideias) —, estaremos preparados para pensar sobre o ministério da apologética do Novo Testamento.

2
A carta régia da apologética no Novo Testamento

Em vez disso, consagrem a Cristo como o Senhor de sua vida. E, se alguém lhes perguntar a respeito de sua esperança, estejam sempre preparados para explicá-la. Façam-no, porém, de modo amável e respeitoso. Mantenham sempre a consciência limpa. Então, se as pessoas falarem mal de vocês, ficarão envergonhadas ao ver como vocês vivem corretamente em Cristo.

1Pedro 3.15-16

Os versículos de 1Pedro 3.15-16 são a carta régia do Novo Testamento sobre a apologética, e uma das muitas passagens que examinaremos sobre esse tópico. Nela, identificamos duas dimensões: 1) *o contexto do trabalho apologético*: é um trabalho baseado na natureza e na qualidade da vida que se leva; e 2) *a abrangência do trabalho apologético*: a apologética é para todos. Essas duas dimensões, contexto e abrangência, serão muitíssimo importantes para entendermos o papel da apologética. Trata-se de algo que todo mundo deveria estar disposto a aprender e uma atividade na qual todos deveriam se envolver.

Outra coisa que esse trecho revela é que a apologética não é apenas um ministério para os que não creem; antes, destina-se a qualquer um que esteja lutando com certos tipos de dilemas ou perplexidades. Precisamos enfatizar esse ponto com veemência, porque *o grande problema para o evangelho de Jesus Cristo não é a dúvida que se situa fora da igreja; é a dúvida que está dentro da igreja*. Precisamos saber lidar com a dúvida de modo amoroso, esperançoso e, especialmente, sem censurar ou humilhar ninguém. Devemos permitir que as pessoas sejam quem são e, então, devemos ser capazes de nos encontrar com elas exatamente onde estão.

Uma estratégia para lidar com a dúvida

Talvez você se lembre de um caso em João 20 que ilustra com muita beleza o método de Jesus para lidar com aqueles que duvidam. João descreve o discípulo Tomé:

> Um dos Doze, Tomé, apelidado de Gêmeo, não estava com os outros quando Jesus surgiu no meio deles. Eles lhe disseram: "Vimos o Senhor!". Ele, porém, respondeu: "Não acreditarei se não vir as marcas dos pregos em suas mãos e não puser meus dedos nelas e minha mão na marca em seu lado". (v. 24-25)

Isso é ir direto ao assunto, não? "Eu não quero simplesmente ver. Quero tocar. Quero certificar-me de que não estou tendo alucinações!" Ora, essa é uma abordagem honesta! Deus aprecia nossas perguntas sinceras. Elas lhe proporcionam algo sólido com que trabalhar.

Ao que parece, Jesus permitiu que Tomé remoesse seu questionamento durante uma semana. Remoer faz bem (dentro de certos limites) porque, quando chega a resposta, a pessoa está preparada para recebê-la. Assim, Jesus deixou que Tomé elaborasse seu problema por um tempo. E então:

> Oito dias depois, os discípulos estavam juntos novamente e, dessa vez, Tomé estava com eles. As portas estavam trancadas, mas, de repente, como antes, Jesus surgiu no meio deles. "Paz seja com vocês!", disse ele. Então, disse a Tomé: "Ponha seu dedo aqui, e veja minhas mãos. Ponha sua mão na marca em meu lado. Não seja incrédulo. Creia!". (v. 26-27)

Jesus estava disposto a ajudar Tomé na resolução daquela dúvida. Isso é típico do Senhor no relacionamento com seu povo. Observem o que ele disse em seguida:

"Você crê porque me viu. Felizes são aqueles que creem sem ver." (v. 29)

Lembremos que Jesus não deixou Tomé sofrer sem a bênção da fé e da confiança; ele lhe deu a prova solicitada. Essa é uma abordagem típica de Jesus em relação à dúvida; ele reagiu àqueles que duvidam honestamente da melhor maneira que conhecia, ajudando-os a avançar da dúvida para o conhecimento.

Sendo professor universitário, lido com muitos estudantes que, em suas igrejas, não foram encorajados a ser honestos quanto a seus questionamentos e dúvidas. Quando chegam à universidade, eles de repente se veem diante de pessoas (mais ou menos parecidas comigo) que dizem: "Olha, esses cristãos... Eles não sabem como refletir e não conhecem a verdade". Esses universitários não estão equipados para refletir sobre questões que surgem no ambiente acadêmico, e vários deles abandonam a fé. Muitos frequentadores de igreja foram ensinados a não questionar o que ouvem na congregação e a ver a dúvida como algo ruim. Mas eles estão perdendo o grande valor do questionamento: ele pode estimular alguém a continuar refletindo e formulando perguntas. Procure nas Escrituras e veja quantas coisas Jesus realizou fazendo perguntas.

Nossa cultura nos ensina que, em essência, quem duvida é mais inteligente do que quem acredita. Então, digo às pessoas: "Se você vier a ser alguém que vive duvidando, deve acreditar em suas crenças e duvidar de suas dúvidas, e também deve duvidar de suas crenças e acreditar em suas dúvidas". É assim que o conhecimento cresce. Para manter esse processo ativo, interagimos em conversas com outros, ouvimos bons palestrantes, investigamos de várias maneiras e lemos livros sobre questões importantes. Isso pode exigir tempo, de modo que fazemos essas coisas em associação com outros e compartilhamos o que estamos aprendendo. Por essa razão, é muito importante que estejamos abertos a parcerias e que as pessoas, especialmente os jovens, se sintam encorajadas a aceitar e a discutir suas dúvidas; é bom conversar sobre elas.

A natureza da fé

Richard Robinson foi um dos principais filósofos ateus do final do século 20. Quando de sua morte, em 1996, ele já havia mudado de ideia sobre algo que havia escrito num livro intitulado *An Atheist's Values* [Os valores de um ateu], publicado em 1964:

> A fé cristã não significa simplesmente acreditar que existe um Deus. É acreditar que existe um Deus independentemente de qual possa ser a prova disso. "Ter fé", no sentido cristão, significa "obrigar a si mesmo a acreditar que existe um Deus sem considerar as provas disso." A fé cristã tem o hábito de desprezar a razão na formação e na manutenção de uma resposta pessoal ao questionamento sobre a existência ou não de Deus.[1]

Isso me faz lembrar a definição de fé proferida por Archie Bunker, um personagem do seriado televisivo *Tudo em família*, da década de 1970: "É algo em que você jamais acreditaria se não estivesse na Bíblia".

Nossa cultura fornece ensinamentos terríveis como esses acerca da natureza da fé, e eles são absorvidos no seio de nossas igrejas. Mais tarde, esses ensinamentos passam a assombrar as pessoas (de fato, todos nós) quando elas se inserem em outros contextos. Devemos, portanto, entender que nessa "carta régia do ministério apologético" da igreja cristã há uma declaração que remete a contextos concretos para pessoas concretas, que são desafiadas a ajudar outros que estão em dúvida e a lidar com essa dúvida honestamente, pois *existe* uma resposta.

Mas é aqui que deparamos com outro problema. Muitas vezes, não sabemos lidar sinceramente com a dúvida, porque temos medo de que *não exista* uma resposta. Isso acontece porque somos fracos em nossa fé. E, aqui, preciso reafirmar que o maior obstáculo para o evangelho de Cristo hoje em dia não é a dúvida que existe *fora* da igreja, mas sim a dúvida que existe *dentro* da igreja.

Precisamos entender que o ministério da apologética é voltado para todos, onde quer que eles se encontrem, chamem-se cristãos ou não, porque ideias que se fixam em nossa cabeça nos deixam à mercê delas. Quando passamos a viver como cristãos, devemos estar abertos a qualquer um que nos diga: "Por que você está esperançoso? O que está acontecendo com você? Pois há *alguma coisa* obviamente diferente!". E então, *nesse* contexto, nós exercemos o ministério da apologética.

O contexto da apologética

Vamos agora analisar mais detalhadamente a passagem de 1Pedro 3.15-16, iniciando antes do cerne do texto porque precisamos analisar o contexto. Nos versículos 10-12, Pedro cita Salmos 34.12-16:

> Quem deseja ter uma vida longa e próspera?
> Refreie a língua de falar maldades e os lábios de dizerem mentiras.
> Afaste-se do mal e faça o bem;
> busque a paz e esforce-se para mantê-la.
> Os olhos do Senhor estão sobre os justos,
> e seus ouvidos, abertos para seus clamores.
> O Senhor, porém, volta o rosto contra os que praticam o mal;
> apagará da terra qualquer lembrança deles.

Pouco antes em seu texto, Pedro diz:

> Quem é que desejará lhes fazer mal se vocês se dedicarem a fazer o bem? Mas, ainda que sofram por fazer o que é certo, vocês serão abençoados. Portanto, não se preocupem e não tenha medo de ameaças.
>
> 1Pedro 3.13-14

É neste ponto que devemos entender o contexto da apologética. O texto remete a uma situação na qual as pessoas estão sofrendo por sua retidão. Eu me pergunto de onde Pedro tirou essa ideia. Você já ouviu alguma outra pessoa dizer isso? Que tal o velho amigo dele, Jesus? Você se lembra das bem-aventuranças? Elas afirmam que somos bem-aventurados quando sofremos por fazer o que é certo. Por que você imagina que é assim? É porque nesse tipo de sofrimento conhecemos a realidade do reino dos céus em nossa vida. Essa realidade se instala em nós, e descobrimos que estamos vivendo uma vida sobrenatural, imorredoura.

Assim, quando você estiver feliz e não temer ameaças, não estará perturbado, porque terá colocado o Senhor Deus em um lugar especial em seu coração. Agora você está pronto para responder, "de modo amável e respeitoso", a qualquer pessoa que lhe pedir a razão de sua esperança. Eu gostaria que muitos dos meus colegas no trabalho da apologética estampassem isso na testa: "de modo amável e respeitoso". Mas não é aqui que as instruções acabam. No versículo 16, Pedro diz: "Mantenham sempre a consciência limpa. Então, se as pessoas falarem mal de vocês, ficarão envergonhadas ao ver como vocês vivem corretamente em Cristo".

No contexto dessa passagem, as pessoas estão sofrendo — e se sentem felizes. Não estão atribuladas, não estão amedrontadas. Os que estão ao redor delas as observam e veem que estão repletas de alegria. Essa alegria não é uma sensação passageira de prazer, mas um sutil e constante bem-estar alimentado pela esperança que se ampara na bondade de Deus.

Em nossos dias, o equivalente seria este: ao observar alguns seguidores de Cristo e notar a situação lamentável em que vivem, as pessoas diriam coisas como: "Vocês estão morrendo de câncer...", "Vocês estão sendo perseguidos por sua retidão...", "Vocês são bons e as pessoas os tratam mal...", "Vocês tentaram ajudar as pessoas e elas os machucaram...",

"Você se posicionaram a favor da verdade no trabalho e não conseguiram nenhuma promoção...", "Seus filhos são maltratados por causa de sua postura perante a comunidade...". E depois acrescentariam: "... e vocês ainda se sentem felizes!".

Quem de fato vive nessas condições não vai sair por aí chorando e dizendo: "Por que isso está acontecendo comigo?". Mas muita gente age assim. Quando chega a tribulação, muitos que se dizem cristãos se perguntam: "Por que isso está acontecendo comigo?". Você se lembra do que Tiago recomendou que fizéssemos diante de algum problema? "Meus irmãos, considerem motivo de grande alegria sempre que passarem por qualquer tipo de provação" (Tg 1.2).

Por favor, entenda que estou me delongando neste ponto porque o contexto da apologética é realmente muito importante. Se você não demonstra uma vida que está acima do padrão deste mundo — não há nada em seu interior que lhe cause alegria, paz e força em uma situação que, vista de fora, parece muito ruim —, *não haverá nada que leve outras pessoas a perguntarem sobre sua fé*. Você simplesmente se comportará da mesma forma que se comportam os incrédulos de sua rua. Creio que isso implica muitas outras coisas além da apologética, e peço-lhes desculpas por isso, mas preciso dizer o seguinte: *aqui estamos falando de vida*, uma vida sobre a qual Jesus se expressou assim: "Quem vive e crê em mim jamais morrerá" (Jo 11.26).

Seriam apenas belas palavras, ou elas realmente significam alguma coisa? Quando lemos a Bíblia, temos de nos perguntar se seus autores *de fato quiseram dizer alguma coisa* por meio dela. Quiseram sim! Estão falando sobre a realidade do reino dos céus — a pedra que foi cortada do monte, sem auxílio de mãos, e que varrerá todas as nações da terra (Dn 2.45) já está aqui. E se nós não permanecermos em contato com isso, então seguiremos apenas disfarçando nosso medo, como todos fazem, tentando causar uma boa impressão, mas sem base em uma *realidade* que nos dê paz e vigor. Se ainda não atingimos esse ponto em nossa vida, precisamos lidar com isso. Necessitamos de ajuda para fazer disso o *nosso* contexto. Uma vez que alcancemos tal ponto, seremos tão diferentes que as pessoas vão nos observar e dizer: "O que está acontecendo aqui? Como você consegue viver desse jeito?".

Lembre-se, Jesus disse que as pessoas não acendem uma candeia para colocá-la debaixo de uma vasilha. Ele disse que você é como uma cidade construída sobre um monte (Mt 5.14-15). Você alguma vez pensou em esconder uma cidade construída sobre um monte? Jesus está dizendo que, quando você estiver ligado ao reino dos céus, vai acontecer algo tão obviamente novo a seu respeito que as pessoas vão pensar: "O que foi que você fez? O que o tornou tão diferente?". *Esse* é o contexto da apologética.

A apologética é para todos

Observem agora o pressuposto da carta régia segundo o qual a apologética é para todos. Ela se destina a toda a humanidade precisamente porque tão somente invoca uma capacidade humana natural: a razão. Devemos submeter essa habilidade a Deus para que ele possa completá-la com seu Espírito e usá-la como faz com todas as nossas outras habilidades naturais.

Fomos informados de que devemos amar a Deus de todo o nosso coração, de toda a nossa alma e de todas as nossas forças (Lc 10.27). Será que omiti alguma coisa? Entendimento! Sim, nosso entendimento. Somos chamados a amar o Senhor, nosso Deus, de todo o nosso entendimento, isto é, a usar a mente para servi-lo.

Você já se perguntou como é possível amar a Deus com sua mente? Conseguimos isso concentrando-nos nele e submetendo-lhe toda a nossa capacidade mental, para que ele possa usá-la. Usamos a mente para pensar com seriedade sobre a mensagem que Deus nos deixou nas Escrituras e na criação, e ensinamos outros a agir de igual maneira. É assim que o amamos com a nossa mente.

A mesma coisa acontece com todas as outras partes do ser humano. Com a mente não é diferente. Assim, cada um de nós é chamado a pôr a mente a serviço de Deus, e isso é algo que vale para todos.²

"De modo amável e respeitoso"

Finalmente, como já ressaltamos, a apologética é um ministério exercido "de modo amável e amoroso". Algumas traduções bíblicas empregam a expressão "com mansidão e temor" (ARA). Agora, alguém pode perguntar: "O que você quer dizer com *temor*? Afinal, o versículo 14 não diz que não devemos ter medo?". Bem, isso equivale ao versículo em que Paulo diz: "Trabalhem com afinco a sua salvação, obedecendo a Deus com reverência e temor. Pois Deus está agindo em vocês, dando-lhes o desejo e o poder de realizarem aquilo que é do agrado dele" (Fp 2.12-13). Ora, posso garantir que a razão pela qual você exercerá esse ministério com temor é que você vai trabalhar com Deus. E se alguém trabalha com Deus e não se sente atemorizado, trata-se de um insensato.

Podemos usar o exemplo da eletricidade como bom expediente para pensar nisso. Estamos todos familiarizados com a eletricidade e sabemos como lidar com ela na vida cotidiana, mas também existe um temor acerca do que nos acontecerá se não observarmos as regras de como usá-la. Nutrimos um respeito muito sadio pela eletricidade e pelo poder presente nos fios, nas tomadas e nas redes elétricas que nos cercam.

Então, esse temor não tem um sentido negativo, mas é preciso lembrar que Deus é Deus. Ele é a fonte de todo o universo natural. E é impossível até mesmo calcular quão superior ele é, tamanha é sua grandeza. No entanto, ele vem e presta atenção nos seres humanos. Quando vivemos com plena consciência disso, as pessoas se aproximam de nós e dizem: "Sabe, vocês realmente parecem felizes. Qual a razão disso?". Você deveria atrair pessoas que se apresentassem com essa pergunta.

O resultado de uma vida realmente feliz

Você já prestou atenção em como as pessoas se queixam da vida que levam? Não há muita felicidade no mundo, não é mesmo? Estando realmente feliz, você se destacará como um fenômeno extraordinário. Não se pode esconder esse tipo de coisa. E as pessoas vão perguntar (isso pode levar uma semana, pode levar um ano, mas elas *vão* perguntar): "Por que você está tão feliz?".

Nossa resposta aqui não se refere ao ministério geral da evangelização ou do testemunho. Refere-se à apologética. A apologética é a resposta a uma pergunta que abrirá a porta da fé para outra pessoa. Ela ajudará outros a crer, porque eles terão visto alguma coisa. Às vezes, o que veem é ruim na opinião deles; outras vezes, é bom; mas é sempre alguma coisa que não entendem. E, baseando-se nisso, eles vêm e nos fazem perguntas.

A seguir, vamos trabalhar esse assunto em um nível mais abstrato, mas espero que você tenha captado esses poucos pontos fundamentais sobre esse texto. Sempre que examinar um texto, certifique-se de que o leu por inteiro. Examinando 1Pedro 3.15-16 no contexto em que foi escrito, podemos ver que se trata de um convite ao trabalho apologético.

3
Apologética bíblica

Passado esse tempo, eu, Nabucodonosor, olhei para o céu. Minha sanidade voltou, louvei e adorei o Altíssimo e honrei aquele que vive para sempre. Seu domínio é para sempre, seu reino, por todas as gerações.

DANIEL 4.34

Porque Deus amou tanto o mundo que deu seu Filho único, para que todo o que nele crer não pereça, mas tenha a vida eterna.

JOÃO 3.16

Quero ser muito cuidadoso na explanação de algumas ideias sobre a natureza da apologética bíblica. *Apologética bíblica é fazer o melhor uso de nossas faculdades naturais relativas ao pensamento, em submissão ao Espírito Santo, com o intuito de remover dúvidas e solucionar problemas que impedem uma participação confiante e ativa em uma vida de relacionamento pessoal com Deus.*

Ora, isso abrange desde o ato de acreditar *em* Deus até o ato de acreditar nas verdades *acerca de* Deus. Você se lembra de que, em Hebreus 11.6, nos foi dito: "Quem deseja se aproximar de Deus deve crer que ele existe e que recompensa aqueles que o buscam *com algum interesse*". Opa! Houve um erro aqui? A expressão "com algum interesse" não faz parte do texto! Aqui, na realidade, trata-se de uma busca deliberada, de todo o coração. Quando somos indiferentes em nossa fé, somos indiferentes em nosso pensar. E essa indiferença põe a perder todo o projeto.

Uma das coisas que surgem quando conversamos com as pessoas sobre o ato de pensar é a declaração registrada em Colossenses 2.8. "Não permitam que outros os escravizem com filosofias vazias e invenções enganosas provenientes do raciocínio humano, com base nos princípios espirituais deste mundo, e não em Cristo". Não há, então, algo vagamente pecaminoso e arrogante no ato de pensar? Isso é sugerido com frequência, e esse versículo, no qual Paulo adverte os colossenses contra a filosofia e o vaidoso engano, é muitas vezes citado nesse contexto.

Aqui, precisamos prestar atenção na gramática da sentença. Se eu tivesse de adverti-lo contra os perigos de dirigir depois de beber, você concluiria que é errado dirigir? Não, não faria isso. Você estaria sendo advertido contra o perigo de uma *combinação*: beber e dirigir. Não seria tentado a deixar de dirigir. Se fosse advertido sobre o ato de vestir-se e o vaidoso engano, você se sentiria tentado a andar por aí sem roupa? Espero que não! Sua reação deveria ser tentar vestir-se de modo a não alimentar o orgulho e a vaidade. Paulo não nos adverte contra a filosofia; ele nos adverte contra a filosofia combinada com o vaidoso engano.

E, falando nisso, permitam-me alertá-lo contra outra combinação perigosa: a ignorância e o vaidoso engano. Na verdade, essa combinação é mais impregnável do que a que une a filosofia e o vaidoso engano, e muitas vezes se apresenta como negligência. Conheço muitas pessoas que apoiam seu orgulho na desatenção. Na passagem da carta aos colossenses, Paulo está nos alertando (como faz em outros textos, por exemplo, 1Coríntios 8.1) contra o fato de que o conhecimento pode nos envaidecer. Alguém pode se orgulhar de seu conhecimento; de fato, muitas pessoas têm esse problema. Nossas escolas estão cheias desse tipo de coisa, e no processo educacional muita gente é severamente prejudicada por palavras e condutas imprudentes por parte de professores e outros envolvidos. Tais pessoas são humilhadas e podem passar a sentir tanto ódio pelos atos de pensar e de aprender que acabam abandonando a escola. Ou passam a reagir "em autodefesa", menosprezando deliberadamente outras pessoas.

Quando indivíduos desse grupo se envolvem na apologética cristã, realmente fazem um grande estrago. Assim, o que Paulo nos apresenta aqui é uma advertência muito séria acerca de um problema constante. Devemos ter consciência da combinação de filosofia e vaidoso engano, quer ela se apresente de uma forma ateia, quer mediante uma cruz pendendo do pescoço. A chave neste ponto é que a melhor resposta à filosofia e ao vaidoso engano é a *boa* filosofia e o *bom* pensar no Espírito de Jesus Cristo.

A propósito, o que é filosofia? É uma tentativa de descobrir a melhor maneira de viver, a melhor maneira de *ser* e *agir*. Se você examinar os filósofos, orientais ou ocidentais, de qualquer época da história, verá que era essa a preocupação deles. Uma característica distintiva da filosofia é que ela não precisa apelar para a revelação. Pode fazê-lo, mas não precisa. É possível identificar muitos filósofos que, embora acreditassem na revelação, não usariam em suas discussões premissas nela baseadas, porque estavam preocupados em fazer uso do que estava à disposição dos seres humanos comuns para lidar com a vida: questões acerca da natureza, da alma e da vida honesta; a diferença entre o certo e o errado; e assim por diante. Eles usaram a razão para tentar chegar a uma compreensão abrangente dessas questões básicas enfrentadas por todos os seres humanos.

Jesus foi um filósofo? Pode apostar que sim! E foi o melhor que se poderia encontrar. Ele foi um filósofo que caminhou com Deus. E muitas pessoas têm medo disso, em virtude de nossa história recente de modernismo e liberalismo. Essas duas correntes de pensamento disseram: "Ah, Jesus foi um excelente professor", e puseram um ponto final no assunto. Assim, temos agora um grande segmento da igreja que, reagindo contra isso, não quer de modo nenhum pensar em Jesus como professor, embora ele ainda se coloque diante de nós e diga: "Tomem sobre vocês o meu jugo. Deixem que eu lhes ensine" (Mt 11.29).

Temos de superar essas reações automáticas com que fomos sobrecarregados por nossa história e começar a entender que podemos *usar* o entendimento sem nos *apoiar* nele. E foi isso que Jesus fez. Provérbios 3.5 diz: "Confie no SENHOR de todo o coração; não dependa de seu próprio entendimento". O texto não afirma: "Não use sua cabeça", "Não pense", ou "Raciocinar é pecado". Ele diz: "Não confie apenas na razão". Confie em Deus *e* use a cabeça. Esse é o conselho geral que temos quanto ao uso de todas as nossas habilidades: devemos confiar em Deus, adorar somente a ele, servir somente a ele, *e* usar tudo o que temos — pernas, cérebro, tudo — para nos apresentar a Deus como um sacrifício vivo e pedir que ele o complete e dele se utilize. Se você não entender isso, não poderá entender nem o conteúdo do Novo Testamento, nem o método nele apresentado, que é seguir com Deus e pensar, pregar, ensinar, estender as mãos aos outros, servir-lhes generosamente com a verdade que você recebeu. Use seu melhor raciocínio e o melhor de tudo o que tem. Assim, você terá uma condição sadia.

Quero compartilhar uma de minhas citações preferidas do ministro evangélico galês dr. Martyn Lloyd-Jones. A citação consta do livrinho de John Stott intitulado *Crer é também pensar*. Nela, Stott diz:

> A fé e o raciocínio caminham juntos, e é impossível crer sem raciocinar. Vejamos um exemplo disso em Mateus 6.30: "Se Deus veste assim a erva do campo, que hoje existe e amanhã é lançada ao fogo, não vestirá muito mais a vocês, homens de pequena fé?" [NVI].[1]

O que Stott está enfatizando é que Jesus está lhe pedindo que *pense logicamente*. Deus se preocupa com a erva do campo — será que ele não se preocuparia com você também?

Um dos chistes preferidos de Jesus falava sobre pássaros. Disse ele: "Quanto custam dois pardais? Uma moeda de cobre? No entanto, nenhum deles cai no chão sem o conhecimento de seu Pai" (Mt 10.29). Em outras palavras: "Deus se preocupa com dois pardais. Vocês não acham que vocês valem tanto quanto dois pássaros?". O tempo todo, Jesus convidava as pessoas a pensar. A maioria delas respondia: "Claro, eu valho mais que dois pardais". Bem, então pare de se preocupar! O método de ensino de Jesus foi sempre o de orientar as pessoas e levá-las a pensar.

Eis o que Martyn Lloyd-Jones disse:

> A fé, segundo o ensinamento de nosso Senhor, consiste primeiramente no pensar, e todo o problema de quem tem pequena fé é não pensar. A pessoa se deixa abater pelas circunstâncias. [...] Precisamos dedicar mais tempo ao estudo das lições de nosso Senhor sobre observação e dedução. A Bíblia está repleta de lógica, e nunca devemos pensar que a fé seja algo meramente místico. Não ficamos lá sentados em uma poltrona, esperando que coisas maravilhosas nos aconteçam. Isso não é fé cristã. A fé cristã é, em sua essência, raciocinar. Olhem para os pássaros, pensem neles, e façam suas deduções. Vejam a relva, vejam os lírios do campo, considerem essas coisas. [...] A fé, se quiserem, pode ser definida assim: é um homem que insiste em pensar quando tudo parece estar determinado a oprimi-lo e a nocauteá-lo, intelectualmente falando. O problema de alguém de pequena fé é que essa pessoa, em vez de controlar os próprios pensamentos, deixa que seus pensamentos sejam controlados por alguma circunstância e, como dizemos, ela passa a andar em círculos. Isso é a essência da preocupação. [...] Isso não é raciocínio; é ausência completa de raciocínio. Isso é deixar de pensar.[2]

Vamos esclarecer isso de muitas maneiras neste livro. Trata-se de uma excelente afirmação sobre o primeiro ponto acerca da natureza da apologética bíblica.

O papel da razão

Talvez eu deva apresentar uma explanação geral sobre o que é a razão. *A razão é a capacidade humana de estabelecer uma relação entre fatos reais ou possíveis e outros fatos reais ou possíveis, de tal forma que, tendo-se os primeiros, também se tem os outros.* Ou, se for uma relação excludente, tendo-se os primeiros, não se tem os outros. Quais eram os fatos aos quais Jesus se referia em Mateus 6.30? Premissa maior: Deus cuida da erva do campo. Premissa menor: vocês valem pelo menos tanto quanto a erva do campo. Qual é, então, a conclusão? Deus cuida de vocês. E o que explica isso é a relação entre fatos reais e possíveis e outros fatos reais ou possíveis.

Quando se senta para conferir os lançamentos em seu talão de cheques, você está lidando com fatos reais e possíveis. (Às vezes, são fatos realmente impossíveis, como tentar equilibrar as contas de um talão de cheques sacados a descoberto.) Supostamente, a coisa funciona assim: você começou com certo montante em sua conta, passou alguns cheques, houve algumas cobranças de serviços bancários; você sabia que seu saldo diminuiria, por isso fez outros depósitos. Esses são os fatos reais. Qual é o presumível resultado disso? Você usa sua mente para estabelecer uma relação desses fatos entre si e chega ao montante que tem no banco agora, certo? Isso é razão. Nada mais.

Você é capaz de raciocinar — pensar — exatamente como é capaz de abrir e ler este livro. Por favor, perdoe-me, mas precisamos estabelecer com clareza inequívoca que o trabalho apologético emprega a *razão*. Submetemos nossa razão a Deus para ajudar as pessoas a entender coisas que vão aumentar e ampliar sua fé.

O papel da razão na responsabilidade dos seres humanos perante Deus é enfatizado em numerosas passagens da Bíblia, tais como Mateus 16.1-4:

> Os fariseus e os saduceus vieram pôr Jesus à prova, exigindo que lhes mostrasse um sinal do céu. Ele respondeu: "Vocês conhecem o ditado: 'Céu vermelho ao entardecer, bom tempo amanhã; céu vermelho e sombrio logo cedo, mau tempo o dia todo'.

Vocês sabem identificar as condições do tempo no céu, mas não sabem interpretar os sinais dos tempos! Pedem um sinal porque são uma geração perversa e adúltera, mas o único sinal que lhes darei será o sinal de Jonas". Então Jesus os deixou e se retirou.

A razão funciona como uma base de responsabilidade perante Deus precisamente por sua capacidade de atuar no sentido de instigar, alimentar e corrigir a fé. Devido a essa capacidade, somos responsabilizados perante Deus quando deixamos de agir de acordo com os resultados da razão. Menosprezar o papel da razão na produção e sustentação da fé é contradizer o propósito claro das Escrituras, segundo o qual a razão fornece fundamentos para um culto adequado a Deus.

Vejam o que o filósofo e eclesiástico inglês Joseph Glanvill disse, em meados do século 17, sobre a razão:

> Não existe nada que tenha causado mais dano à religião [...] do que o menosprezo à razão sob o pretexto de respeitá-la e favorecê-la. Pois, com isso, os próprios fundamentos da fé cristã foram solapados, e o mundo, preparado para o ateísmo. E se a razão não deve ser ouvida, o ser de Deus, e a autoridade das Escrituras, não podem nem ser provados nem defendidos; e assim a fé cai por terra como uma casa que não tem fundamento.[3]

Sabemos que a razão por si só jamais pode sequer começar a exaurir as profundezas das obras e da natureza de Deus. Além disso, essa abordagem seria inapropriada para o *tipo* de relacionamento que as pessoas devem ter com um Deus pessoal e com outras pessoas no reino de Deus. Idealmente, os relacionamentos pessoais nunca deveriam reduzir-se ao fato de uma pessoa deduzir a verdade sobre outra pessoa com base em alguns indícios. A revelação de si mesmo como um indivíduo único para outra pessoa é sempre a parte principal de qualquer relacionamento pessoal. Mas infelizes são aquelas pessoas envolvidas em um relacionamento no qual uma ou outra parte ignora o que se pode saber por meio da razão.

A atividade humana de raciocinar é uma parte indispensável do fundamento de nossa fé. É um instrumento primário em nossas mãos à medida que trabalhamos com Deus na criação da fé no coração dos que não creem, e à medida que corrigimos a fé no coração dos que creem. A razão, portanto, é fator essencial da *nossa parte* no ministério do evangelho. Cabe a nós aperfeiçoá-la na prática e usá-la como fazem indivíduos fiéis em todas as áreas da vida.

O que a apologética não é

A apologética cristã não é uma tentativa de provar que estamos certos. Chegamos ao ponto onde reconhecemos que saber se estamos certos ou não já não é um fato cósmico de extrema importância. Você pode dizer: "Espere aí. Você não deve estar falando sério. Eu estou salvo porque estou certo". Não. Você está certo porque está salvo. Se a coisa é assim, entenda-a na ordem correta. Você não foi salvo porque está certo — você foi salvo por causa da graça de Deus, que o ama e deu seu Filho por você, e o Espírito Santo, que lhe tocou o coração por meio da palavra do evangelho, de modo que você se viu crendo. E aquilo em que você creu estava certo. Foi assim que você foi salvo.

É por isso que tantas igrejas têm "Graça" em seu nome. Não há muita gente querendo frequentar a "Igreja Certa", mas nós vamos de bom grado para uma "Igreja da Graça". Eu estive na Igreja Certa — talvez vocês também tenham ido lá. É um lugar violento. Há muitos mortos na Igreja Certa, porque a vida vem pela graça.

O fato de eu estar certo até pode ter alguma utilidade para alguém, mas provavelmente não será assim. Veja bem, não sou a favor de estar errado, mas estar certo pode ser um peso tremendo a carregar. O valor de estar certo não está na capacidade de impressionar alguém, nem mesmo a Deus. O valor de estar certo é que isso capacita você a lidar de modo eficaz com a realidade e integrá-la adequadamente à sua vida. Fazer o trabalho da apologética cristã não significa tentar provar que estamos certos.

Toda a ideia de defender a fé tornou-se um enorme problema. De fato, "defender a fé" é uma expressão bíblica que ocorre em Judas 1.3: "[...] entendo agora que devo escrever a respeito de outro assunto e insistir que defendam a fé". Mas eu lhe asseguro: se você examinar essa passagem, perceberá que não se está falando sobre jogar as pessoas em um conversor de Bessemer mental e submetê-las ao sopro de ar quente até que fiquem puras.[4] Defender a fé no sentido registrado em Judas diz respeito ao modo pessoal de vida; refere-se à pureza moral e, sem dúvida, a alguma dose de ensino correto e doutrina certa. Vamos então concordar que não se trata de uma tentativa de provar que estamos certos.

Um livro maravilhoso escrito por A. B. Bruce no final do século 19 é intitulado *Apologetics* [Apologética]. Nele se lê uma declaração maravilhosa sobre nossa atitude (são meus os comentários entre colchetes):

> A apologética, portanto, na minha concepção, é um meio de preparação do caminho da fé, um auxílio para a fé contra dúvidas de qualquer origem, especialmente aquelas engendradas pela filosofia e pela ciência. Seu objetivo específico é ajudar homens de espírito sincero [isto é, pessoas que não estão de algum modo fingindo, não estão se portando de modo enganoso, são honestas] que, embora tomadas de assalto por essas dúvidas, estão moralmente em harmonia com aqueles que creem. [Elas podem ser ou não ser crentes.] A apologética se dirige àqueles que se sentem atraídos por dois polos opostos, para perto e para longe de Cristo, distinguindo-se assim daqueles que estão confirmados ou na descrença ou na fé. A defesa pressupõe um inimigo, mas o inimigo não é o infiel dogmático que finalmente concluiu que o cristianismo é uma ilusão; é, sim, o pensamento anticristão no próprio coração do ser humano que crê.[5]

Para ser praticada ao estilo de Jesus, a apologética deve ser "um auxílio para a fé" e ser devotada a outros com o "objetivo específico" de ajudar pessoas que "estão moralmente em harmonia com aqueles que creem". Por quê? Por que deveríamos envidar esse esforço e investir nossa energia na remoção de dúvidas? Porque as pessoas são incrivelmente preciosas.

Ao observar uma criancinha sofrer e morrer, você sente o coração partir. Por quê? Porque as pessoas são incrivelmente preciosas. Assim é você. Não se trata apenas das outras pessoas. Deus observa e valoriza cada indivíduo; ele também tenta nos ajudar a aprender como valorizar o outro como ele o faz. É por isso que o Grande Mandamento nos ensina que, depois de amar a Deus, devemos nos dedicar a amar o próximo como a nós mesmos.

Portanto, um aspecto dessa questão é entender como as pessoas são valiosas e preciosas. E uma das coisas que você perde quando se empenha em uma discussão defensiva é sua capacidade de lidar com outras pessoas como almas eternas, preciosas, gente para a qual Deus tem, como gostamos de dizer, um plano maravilhoso, que abrange o tempo e a eternidade.

Alcançado esse entendimento, podemos então começar a trabalhar, com nossa razão e com Deus, para ajudar outros as lidar com a dor, o sofrimento e as dúvidas. Devo atacar quem possivelmente não concorde comigo sobre isso? Não. Mas eu me preocupo um pouco com essas pessoas. Por exemplo, estudantes universitários muitas vezes têm ideias interessantes sobre apologética. Eis a declaração de um deles: "A apologética é um estudo da prática da *defesa* da fé cristã contra o arsenal de desafios, ataques críticos e questionamentos desferidos contra ela pelos que não creem". E mais outra: "A apologética é a *reinvindicação* da filosofia de vida cristã contra as várias formas de filosofia de vida não cristãs". Não. Não é esse o conceito de apologética descrito no Novo Testamento.

Não estou aqui para defender a fé cristã; a fé cristã me defende. Estou aqui para ajudar as pessoas onde quer que eu esteja. E, às vezes, isso exige que eu faça algumas declarações bastante fortes, e de fato as farei. Evidentemente, não estou falando sobre ser uma pessoa sensível e boazinha que anda por aí dando a impressão de doçura e felicidade. Há ocasiões em que se deve ser muito vigoroso nas afirmações pessoais, mas não há necessidade de ser defensivo. Não há necessidade de reivindicar nada, pois Cristo já fez a reivindicação. Não se preocupe com isso. Ajude quem tiver dificuldades concretas em aceitar o cristianismo e em acreditar em Deus.

O *bullying* intelectual também pode representar um problema significativo. Algumas pessoas têm a sensação de que sua tarefa principal é vencer. Vencer! Uma forma de fazer isso é menosprezar todas as objeções. Mas você *deve* levar as objeções muito a sério, bem como levar muito a sério as pessoas com quem está lidando. Se alguma coisa preocupa essa pessoa, *escute*! Nunca vi alguém sendo ajudado mediante menosprezo. Nunca. Nem vi alguém sendo ajudado por meio de *bullying*. Relacione-se cordialmente com os outros.

Se eu, como cristão, vou debater com alguém que não é cristão, quero ser capaz de passar um braço por sobre o ombro dessa pessoa e dizer: "Estamos buscando a verdade juntos, e, se puder me mostrar onde estou errado, concordarei com você". Não estou nisso para vencer e forçar alguém à submissão. Jesus nunca trabalhou desse jeito. As únicas pessoas que ele criticou com bastante vigor foram precisamente as que asseguravam estar certas, quando de fato estavam totalmente cegas à verdade.

Apologética não é *bullying* intelectual, não é menosprezo, e não é uma forma de levar as pessoas à salvação sem a graça de Deus. Nós trabalhamos com o Espírito Santo, mediante gentileza e respeito. Cedemos nossa capacidade de raciocínio ao Espírito Santo. Esperamos que Deus amplie essa capacidade e use nossas palavras, seguindo o ensinamento do Espírito Santo, para aliviar o fardo da dúvida de um coração atribulado. A dúvida é uma coisa terrível. Alguns de nós são cristãos há tanto tempo que de fato não lutaram contra a dúvida, mas ela é terrível. Crer — ter aquilo a que Pedro se refere como a fé que é "muito mais preciosa que o simples ouro" (1Pe 1.7) — é algo valioso.

Se você alguma vez foi lançado na dúvida acerca da lealdade de um amigo ou cônjuge, sabe como isso pode ser angustiante. Esta é a condição decaída da humanidade desde o jardim do Éden: as pessoas têm dúvidas sobre Deus. Essa é a semente que Satanás semeou na mente de Eva. Você se lembra? A primeira tentação de Satanás veio na forma de dúvida: "Ah, Deus não disse isso!". E depois ele induziu Eva a pensar que Deus estava tentando enganá-la e impedi-la de ter acesso a algo bom (Gn 3.1-7).

A dúvida é uma coisa terrível, e, portanto, devemos abordá-la cientes disso. A apologética não é um tratamento à base de enigmas interessantes, uma espécie de jogo cristão de conhecimentos gerais; no entanto, muitas vezes ela é abordada como se fosse justamente isso: "Vamos fazer um joguinho e ver o que sabemos". Se você quiser agir assim, provavelmente essa atitude será melhor do que algumas outras coisas que você poderia fazer, mas não chame isso de apologética. Apologética é trabalho sério para ajudar pessoas, cristãs ou não, a resolver dúvidas.

Por fim, a apologética cristã não se constitui de "provas cristãs" ou tentativas sistemáticas de mostrar que o cristianismo é verdadeiro — embora evidências cristãs sejam uma iniciativa legítima. Mostrar que os ensinamentos básicos da religião cristã são verdadeiros é uma coisa maravilhosa. Mas, francamente, se você tentar apresentar provas cristãs para a maioria das pessoas que precisam do ministério da apologética, depois de 45 segundos os olhos delas vão começar a piscar ou ficar vidrados, como se estivessem prestes a cair no sono. E é bem provável que estejam mesmo.

O objetivo do ministério da apologética é responder a questões ou dilemas existenciais enfrentados por pessoas aflitas. Eis um bom exemplo: Por que orar? Muita gente não entende por que orar faria alguma diferença. No fim das contas, Deus é tão grande e ele sabe de tudo, não é verdade? E você não teme pedir algo que ele talvez não queira que você tenha e, nesse caso, não lhe conceda isso? Assim, acabamos orando: "Se for a tua vontade...". Bem, se for essa a vontade de Deus, ela será cumprida de qualquer modo, certo? Então, por que perguntar a ele? Que diferença faz orar ou não orar?

Vou lhes dizer, essa breve linha de raciocínio explica o fato de muita gente ser incapaz de orar. A oração não faz sentido, a não ser como uma pequena atividade ritual a que nos dedicamos para evitar um nervosismo excessivo. E isso também é bonito. Não estou desaprovando nada. Mas a oração no sentido de *trabalhar com Deus* é uma questão fundamental a respeito da qual precisamos ajudar as pessoas. Falaremos mais sobre isso adiante.

Servos confiantes, humildes, generosos e receptivos

A atitude cristã no trabalho apologético consiste em três coisas. A primeira é confiar em Deus e em sua verdade. Nós não nos sentimos nervosos, e Deus também não. Você pode lhe perguntar o que quiser. A única coisa que se exige ao lidarmos com Deus é ser honestos. De qualquer modo, não conseguimos enganá-lo. Ouvi gente dizendo que nunca se deveria pedir a Deus a mesma coisa duas vezes, porque isso prova que, no primeiro pedido, nos faltou fé nele, como se ele não soubesse de nada antes do segundo pedido! É preciso confiar em Deus. Ele está firme em seu trono, e Satanás nada pode fazer quanto a isso. Ninguém pode.

Em segundo lugar, devemos ser humildes, generosos e receptivos em relação às outras pessoas. Se alguém tem um ponto de vista a apresentar, nós ouvimos. Há uma passagem maravilhosa de Charles Finney em seu livro *Revival Lectures* [Palestras de reavivamento]. Diz ele:

> Ouvi muita pregação contra os universalistas, algo que causou mais prejuízo que benefício, porque os pregadores não entendem como os universalistas dos dias de hoje raciocinam. [...] Quando ministros religiosos se propõem fazer oposição a uma heresia atual, eles deveriam saber o que ela é na atualidade. [...] De nada serve falsear as doutrinas de um sujeito na cara dele e, depois, tentar convencê-lo racionalmente a abandoná-las. [...] Ele vai dizer: "Este senhor não pode discutir equitativamente comigo; falseou nossas doutrinas para me refutar". Grande dano é causado desse modo. Os ministros não visam falsear seus opositores; mas o efeito do que fazem é que as pobres, miseráveis criaturas que incorrem naqueles erros vão para o inferno porque tais ministros não tomam o cuidado de se informar sobre quais são os erros reais por elas cometidos. [...] Menciono esses casos para mostrar quanta sabedoria um ministro precisa ter para enfrentar os acontecimentos.[6]

Mas é exatamente isso o que ocorre. Devemos ser generosos, devemos ser receptivos, e estamos aqui para aprender juntos. Ainda não aprendemos tudo — estamos aqui com o intuito de aprender e, para tanto, precisamos de humildade.

Em terceiro lugar, devemos alimentar um desejo sincero de servir com bondade. Todos queremos servir. Lembre-se de que o cristianismo é a única religião baseada no amor. Que outra religião conta com uma declaração como a de João 3.16? A apologética, portanto, tem realmente a ver com ajudar os outros.

Concluo com 2Timóteo 2.24-26. Essa passagem nos mostra as pessoas que estamos tentando ajudar e nos apresenta um belo retrato da atitude que devemos ter com elas. Há uma grande quantidade de bons conselhos aqui para a apologética:

> O servo do Senhor não deve viver brigando, mas ser amável com todos, apto a ensinar e paciente. Instrua com mansidão aqueles que se opõem, na esperança de que Deus os leve ao arrependimento e, assim, conheçam a verdade. Então voltarão ao perfeito juízo e escaparão da armadilha do diabo, que os prendeu para fazerem o que ele quer.

4
Fé e razão

Os céus proclamam a glória de Deus;
  o firmamento demonstra a habilidade de suas mãos.
Dia após dia, eles continuam a falar;
  noite após noite, eles o tornam conhecido.
Não há som nem palavras,
  nunca se ouve o que eles dizem.
Sua mensagem, porém, chegou a toda a terra,
  e suas palavras, aos confins do mundo.

Salmos 19.1-4

Pela fé, entendemos que todo o universo foi formado pela palavra de Deus; assim, o que se vê originou-se daquilo que não se vê.

Hebreus 11.3

Jesus fez uso da percepção e da razão em grande parte de seu ensino. Você há de concordar comigo que, além de ter todas as outras boas qualidades, Jesus foi uma pessoa esperta. Acho que é seguro dizer que ele conhecia lógica melhor que ninguém. Conhecia química melhor que ninguém. E isso se aplica a qualquer matéria que se mencione.

Lembre-se, em Colossenses 2.3 recebemos a informação de que "Nele estão escondidos todos os tesouros de sabedoria e conhecimento". E, óbvio, é perfeitamente lógico que a razão de todos os tesouros estarem escondidos nele é que ele *criou* tudo. Assim, se você está envolvido em algum campo de pesquisa, deve tê-lo como parceiro, pois ele realmente sabe o que faz tudo funcionar. Não importa o que você esteja investigando, Jesus tem o conhecimento que se requer para resolver seus problemas.

Jesus muitas vezes usou a razão para ensinar. Em Marcos 11.27—12.34, lemos sobre uma discussão na qual ele lidou de modo bastante veemente com os intelectuais da época. A "oposição" decidiu que estava na hora de livrar-se de Jesus, e lançou contra ele praticamente tudo o que tinha a seu dispor.

Jesus lida cuidadosamente com cada pergunta e, depois, oferece uma lição adicional a ponderar (Mc 12.35-37). Essa é uma bela ilustração do papel do raciocínio na pregação e no ensino do evangelho. Jesus não está simplesmente tentando testar a paciência de seus opositores e impor-lhes o conhecimento de que haviam encontrado alguém que podia derrotá-los. Ele vai ensinar-lhes algo importante em relação à verdade:

> Por que os mestres da lei afirmam que o Cristo é filho de Davi? O próprio Davi, falando por meio do Espírito Santo, disse:
>
> "O Senhor disse ao meu Senhor:
> Sente-se no lugar de honra à minha direita
>   até que eu humilhe seus inimigos debaixo de seus pés".
>
> Uma vez que Davi chamou o Cristo de "meu Senhor", como ele pode ser filho de Davi?

Aqui, Jesus está usando a lógica para questionar a noção que, naquela época, as pessoas tinham do que seria o Messias. (Em geral, elas julgavam que se tratava de alguém semelhante a Davi, mas talvez um pouco mais próximo da perfeição.) Assim, por meio desses textos de Salmos, Cristo leva essas pessoas "que pensam" a refletir sobre o relacionamento de Davi com o Messias. Quem é esse filho que Davi chama de Senhor? Eis aí algo que os pais e avós daquela época *não* faziam: não chamavam sua prole de "Senhor". Desse modo, Jesus está ajudando os que se mostram dispostos a aprender. Está ajudando-os a entrar mais profundamente na natureza do Messias em sua relação com a aliança davídica. Está tentando levá-los a descobrir o significado da natureza messiânica, uma vez que não a entendiam. Pelo *raciocínio*, ele procura tirá-los de onde estão e levá-los aonde passarão a entender.

Ora, esse é o modo típico pelo qual as Escrituras abordam a razão. Todas as faculdades devem submeter-se a Deus: o poder físico, o poder artístico e o poder de percepção. De fato, todas as forças naturais devem submeter-se a ele.

Isso inclui *ver* o reino dos céus. Nicodemos veio até Jesus, em quem dizia ser capaz de ver a Deus. Mas Jesus, em sua atitude de mestre, jogou-lhe um balde de água fria na cabeça, dizendo: "Nicodemos, se você não nasceu do alto, não pode ver o reino de Deus". Diante dessa fala de Jesus, Nicodemos (que afirmava ver) revelou o óbvio — isto é, que Jesus estava certo —, pois de imediato perguntou: "Como pode um homem velho nascer de novo? Acaso ele pode voltar ao ventre da mãe e nascer uma segunda vez?" (Jo 3.1-4). Ele foi reprovado no ato! Um enorme ZERO para um "mestre" ("uma autoridade entre os judeus") em Israel! E justo no que se referia à capacidade de ver. Você consegue *ver* o Espírito? Consegue *ver* o reino espiritual de Deus? Bem, se você submete suas faculdades de percepção a Deus, talvez a resposta seja "Sim". O Evangelho de João e o Antigo Testamento dizem muita coisa acerca da habilidade de *ver*.

Nossas faculdades devem ser todas apresentadas a Deus, para que ele possa usá-las. Até Sara, cujo útero estava estéril, foi "visitada" por Deus, de modo que ela concebeu e deu à luz Isaque (Gn 21.1-3). Sansão, do qual o Espírito de Deus se apossou (Jz 14.19; 15.14), usou aqueles músculos que estivera treinando para fazer coisas que somente o poder de Deus poderia fazer. A primeira pessoa descrita em minha Bíblia como alguém repleto do Espírito é Bezalel, que era, na verdade, decorador de interiores (Êx 31.1-5). *Todas* as nossas faculdades devem ser submetidas a Deus, inclusive a do raciocínio. Deus não nos forçará a fazer isso, nem o fará por nós.

Durante as últimas décadas da história religiosa norte-americana, temos interpretado muito equivocadamente o papel da razão em relação à fé. Decidimos, com efeito, que o raciocínio era do diabo e simplesmente dissemos: "Leve-o consigo. Nós vamos simplesmente *crer*, e você pode ficar com a *razão*". Há um vago sentimento de culpa acerca da ideia de pensar demais. Há um sentimento de mal-estar acerca da razão, como se ela de algum modo se opusesse a Deus. Obviamente, isso pode acontecer. O conhecimento tem isso em comum com quase tudo o que se pode mencionar. Todas aquelas faculdades que venho repetindo que devem submeter-se a Deus também podem ser dispostas contra Deus. Mas o que eu estou lhe pedindo é que entenda que, quando observamos atentamente o ministério de Jesus no Novo Testamento, vemos com clareza e precisão o uso da razão.

Muitas passagens das Escrituras mostram claramente o uso da razão exemplificado *sob a direção do Espírito Santo*. Convido-o a analisar Atos 2.7-36. Você verificará nesse texto uma progressão lógica na qual sucessivos golpes de raciocínio são desferidos. Pedro, quando se levantou, não estava simplesmente atirando ao léu qualquer coisa que lhe vinha à cabeça, pensando: "Bem, o Espírito Santo cuidará disso". Não. O Espírito Santo o estava levando a raciocinar bem. E o bom raciocínio sob a direção do Espírito Santo lançou um raio de verdade no coração dos que ouviam o apóstolo. Você provavelmente se lembra de que as Escrituras dizem que as palavras de Pedro "partiram o coração dos que ouviam" (v. 37). Eles foram golpeados no íntimo porque a verdade lhes foi evidenciada.

A única coisa que pode nos convencer a ponto de nos levar a uma clara decisão por Cristo é a verdade. A verdade, e não o sentimento. O sentimento é importante, mas um de nossos problemas hoje é que muita gente tem aceitado o convite para entrar no reino de Deus baseando-se meramente no sentimento. As pessoas são encorajadas a agir assim porque tiveram uma ou outra experiência negativa e, agora, são convidadas a apresentar-se perante a congregação e dizer alguma coisa. Não estou dizendo que isso está necessariamente errado. Só estou dizendo que tal prática não proporciona a essas pessoas o tipo de clareza que se exige de um discípulo de Jesus.

A razão humana sob a graça

Segundo o antigo sábio grego e filósofo estoico Epíteto (55-135 d.C.), que valorizou o raciocínio acima de tudo o mais, a razão era suficiente para estabelecer a existência de Deus:

Céus! Qualquer item da criação é suficiente para demonstrar a uma inteligência humilde e grata que a Providência existe. A mera possibilidade de produzir leite a partir de capim, queijo a partir de leite e lã a partir de peles; quem fez e planejou isso? Cavando a terra, arando, ou comendo, não deveríamos entoar um hino a Deus? Grande é Deus, que nos concedeu esses instrumentos para cavar a terra; grande é Deus, que nos deu mãos e instrumentos de digestão; que nos deu a capacidade de crescer sem percebermos e de respirar durante o sono. Essas coisas deveríamos sempre celebrar. [...] Sendo eu uma criatura racional, é meu dever louvar a Deus. [...] E eu os convido a juntarem-se no mesmo cântico de louvor.[1]

Hoje, esses sentimentos muitas vezes nos parecem estranhos. A maioria das pessoas acredita que o único *show* em cartaz, a única coisa que existe, *a única realidade*, é a dimensão física ou natural. Atualmente, tudo à nossa volta ensina que, no que diz respeito à vida prática, a única coisa em que se pode confiar é a realidade física, natural. E isso não afeta apenas quem está fora da igreja. Mencionei anteriormente que conheço gente que acredita em *Jesus*, mas não acredita em *Deus*. Muitas pessoas têm sérios problemas a respeito da existência real ou não de um Deus tal qual o descrito na Bíblia e tão claramente revelado pelo próprio Jesus, especialmente por meio de sua ressurreição.

Se quiser saber se realmente acredita em Deus, precisa se perguntar em que realmente confia. Isso inclui o momento em que se levanta pela manhã, as ocasiões em que lida com problemas em sua família e aquelas em que administra seu negócio ou sua igreja. Muita gente que *professa* acreditar em Deus *age* baseada na descrença. São pessoas que até podem acreditar que Jesus morreu por seus pecados — e, que quando elas morrerem, irão para onde ele está —, mas não têm uma crença *operacional* para o aqui e agora. Por um lado, isso se deve ao modo como somos educados em nossa sociedade e em nosso mundo; por outro, simplesmente revela a profunda presença da realidade natural.

Salmos 42.10 expressa algo do desespero do indivíduo que clama por Deus sem que este lhe apareça: "Os insultos [de meus inimigos] me quebram os ossos; zombam de mim o tempo todo, dizendo: 'Onde está o seu Deus?'". A expressiva presença do mundo físico, natural, parece colocar-se entre nós e Deus. Temos de lidar com todas essas coisas e todos esses processos físicos que nos cercam, e somos tentados a fazê-lo como se isso tivesse a ver com a nossa própria força apenas.

Quero dizer que confiar em Deus não é algo fácil. Para nós, norte-americanos, é fácil imprimir nas cédulas de dinheiro a inscrição "Em Deus confiamos", mas o que você acha que isso significa para a nação? O que significa confiar em Deus? Acha que nosso país realmente confia em Deus? Do total de indivíduos que você encontra em um dia qualquer, quantos realmente confiam em Deus? Ao tomar decisões no trabalho ou em casa, em sua vizinhança, no silêncio de seu quarto, você é capaz de realmente confiar em Deus?

Veja, parte de nosso problema é que não empregamos a mente para entender Deus. Sabemos o que diz o mandamento em Êxodo 20.4-5: "Não faça para si espécie alguma de ídolo ou imagem de qualquer coisa no céu, na terra ou no mar. Não se curve diante deles nem os adore, pois eu, o Senhor, seu Deus, sou um Deus zeloso". E nós dizemos: "Aleluia! Não somos idólatras. Descobrimos há muito tempo que aqueles ídolos não são Deus". Bem, lembre-se de que Paulo redefine a pessoa gananciosa como idólatra (Ef 5.5). Pois, veja bem, qualquer coisa em que confiemos na esfera física e tomemos como indispensável torna-se nosso deus. Se vivermos para ela, se contarmos com ela, ela é o nosso deus.

George Fox, fundador do movimento quacre, foi um grande cristão. Nem todos concordam com tudo o que Fox disse ou fez, mas você se sentiria desafiado lendo o diário dele.

Há uma passagem no diário na qual ele fala de como essa tentação o perturbava:

> Uma manhã, enquanto estava sentado junto ao fogão, uma grande nuvem me cobriu, e uma tentação me perturbou; e eu permaneci sentado, quieto. Alguém disse: "Tudo vem da natureza"; então, terra, água, ar e fogo, e também estrelas, me cobriram, e de certa forma fui obscurecido por aquilo. Mas, como eu estava sentado sem dizer palavra nenhuma, as pessoas em casa nada percebiam. Enquanto fiquei sentado, encoberto por aquilo e permanecendo como estava, uma esperança viva e uma voz verdadeira cresceram em mim, dizendo: "Existe um Deus vivo que criou todas as coisas". Imediatamente, a nuvem e a tentação se desfizeram, e a vida tomou conta de tudo; meu coração sentia-se alegre, e eu louvei o Deus vivo. Depois de algum tempo, encontrei-me com algumas pessoas que acalentavam a noção de que não existe nenhum Deus, e que todas as coisas vêm da natureza. Travei uma acirrada discussão com elas e as suplantei; também fiz algumas delas confessarem que existe um Deus vivo. Depois percebi que foi bom eu ter passado por aquela experiência. Tivemos importantes reuniões naqueles lugares; pois o poder do Senhor irrompeu naquela região do país.[2]

"Tudo vem da natureza." Esse é o princípio básico da idolatria. Note, se tudo vem da natureza, então eis aí você, no meio da natureza, e seria bom que fizesse algo a respeito disso. Assim, você assume o controle das coisas e faz o que a humanidade sempre fez desde Babel. Estamos ainda tentando crescer e assumir o controle da natureza. A grande afirmação de Francis Bacon, "conhecimento é poder", é o nosso lema, e chegamos ao ponto de interferir no funcionamento interno do átomo em busca do controle da natureza.

A obra *A abolição do homem*, de C. S. Lewis, é uma bela declaração sobre o que acontece quando a humanidade se vê ocupando o assento do motorista.[3] Inevitavelmente, chegamos ao ponto em que, para dominar a natureza, temos de dominar — adivinhe quem? — a humanidade.

Perceba, então, que estamos constantemente em uma situação difícil. Precisamos lidar com o mundo físico, não é verdade? Nós mesmos somos, de fato, físicos. Vivemos em um corpo que ocupa um mundo físico. E o processo que se desenvolve ao nosso redor continua em funcionamento. Temos o aquecimento global, a radiação da telefonia celular, e os pesticidas que impregnam nossos alimentos. Quando eu era criança, no Missouri, um de meus professores disse que um dia as pessoas teriam de *pagar* pela água que beberiam. Achamos aquilo a coisa mais ridícula que se pudesse imaginar. Contudo, cá estamos nós. Estamos presos na esfera física.

Há uma grande tentação de acreditar que o mundo natural, físico, é tudo o que existe, em virtude de sua realidade substancial. Essa ideia tem uma força tremenda, e é o que está por trás da visão de mundo que passamos corretamente a caracterizar como uma grande tendência de nossa própria cultura: o humanismo secular. Trata-se de uma crença de que o mundo natural é "o que há". Ponto final. E não há nada em que se possa confiar além dos processos naturais deste mundo. O humanismo secular se apresenta na forma de conceitos como a separação entre igreja e estado ou por meio de debates diversos sobre questões legais e direitos.

Por que Deus não é mais evidente?

Se quiser praticar a apologética de uma forma que seja útil para você mesmo e para outros, terá de explicar por que Deus não se mostra de modo mais evidente. Uma das razões que eu frequentemente apresento nesse caso é que, *se Deus se mostrasse na plenitude de sua glória, nós todos simplesmente daríamos adeus ao nosso livre-arbítrio.*

Do ponto de vista do mundo natural, Deus não é muito óbvio para quem não deseja vê-lo. Suponho que, a cada manhã, ele poderia escrever no céu o que gostaria que fizéssemos naquele dia. Seria impressionante, não? Ele poderia ter programado a mente humana de maneira tal que conseguisse comunicar-se diretamente conosco a cada minuto do dia. Mas nada disso seria coerente com seu projeto para a humanidade.

Quando Deus criou a humanidade e lhe deu uma tarefa, coisas que fez quase que simultaneamente, ele estabeleceu alguma distância entre si e os seres humanos. E veio visitá-los. Desde o princípio, Deus planejou que deveríamos ter uma comunhão com ele, mas também que deveria haver certo distanciamento, para que fôssemos livres, podendo escolher e decidir o que seríamos.

Temos de enfrentar isso na criação de filhos. Se tivéssemos a capacidade de controlar completamente nossos filhos, tenho certeza de que, na maior parte do tempo, optaríamos por não usar esse poder. De vez em quando, sim, mas na maior parte do tempo, não. Os filhos têm de escolher. E, para escolher, eles precisam de algum distanciamento, alguma liberdade. Os filhos devem poder agir em segredo. E Deus escolhe não saber de tudo.

Onisciência divina

Encontro muita resistência à ideia de que Deus pode escolher não saber das coisas, isso porque as pessoas estão preocupadas com a onisciência divina. Mas permita-me dizer que *a onisciência divina não aniquila a onipotência divina*. Deus não tem a obrigação de saber daquilo que ele não deseja saber. Sua onisciência refere-se à sua *capacidade* de saber de tudo, exatamente como sua onipotência se refere à sua *capacidade* de fazer qualquer coisa que ele queira fazer. A onipotência divina não significa que ele esteja sempre fazendo — ou que em algum momento faça — tudo o que *pode* fazer. Do mesmo modo, ele não tem a obrigação de saber de tudo o que *pode* saber. Caso não deseje saber de algo, ele tem a capacidade de desconhecer tal coisa.

Se Deus escolhe esquecer-se dos meus pecados, ele pode fazer isso. Ele não precisa ficar lá parado, observando-os eternamente, só porque os cometi e ele sabe de tudo. A doutrina da onisciência divina é uma expressão da onipotência de Deus. Isso equivale a dizer que ele *pode* saber de qualquer coisa que ele queira saber; e ele não *tem de* saber nada que não queira saber. E, entre as coisas que ele escolhe não saber, estão algumas que dizem respeito a você e a mim.

Você acha que Deus estava brincando quando veio ao Jardim do Éden e disse a Adão: "Onde você está?" (Gn 3.9). Eu não acho. Ao pecar, planejamos nos esconder de Deus, mas o Senhor é tão grande que, para que nos escondamos dele, ele precisa esconder-se de nós. Se ele não se esconder de nós, nós *certamente* não conseguiremos nos esconder dele. E assim ele nos dá espaço. Isso tem o propósito de permitir que sua ação redentora nos aborde na história e nos permita procurá-lo e encontrá-lo. As Escrituras nos dizem que, se de todo o coração o procurarmos, certamente o encontraremos.

Por que existe o inferno?

Há quem não apenas quer esconder-se de Deus, como também busca ficar longe dele o máximo possível. Muitas pessoas simplesmente não querem estar com Deus. O melhor lugar para elas é onde Deus não esteja, e nisso consiste o inferno.[4] A realidade fundamental da existência do inferno é a separação de Deus, e ela acontece porque as pessoas não querem estar com ele. Para esses indivíduos, estar *com* Deus é a pior coisa que poderia lhes acontecer.

Parte de nosso problema em relação ao entendimento do inferno é consequência de como concebemos o céu. Pensamos no céu como uma espécie de *resort* confortável, mas o melhor do céu será a presença de Deus. Até certo ponto, ele nos permitiu evitá-lo aqui na terra, se assim quisermos; mas, se formos para o céu, Deus é a nossa melhor perspectiva de futuro. Não estaremos mais em condição de evitá-lo. E essa seria a tortura suprema para um indivíduo que não tivesse deixado de pensar em *si mesmo* como um deus. É por isso que às vezes digo que o fogo do céu queima muito mais que o fogo do inferno.

Desenvolvemos um grande simbolismo acerca do inferno através dos tempos, a ponto de chegarmos a imaginar como é a mobília dali. Parte disso nos fez realmente sair do caminho. Por exemplo, muitas pessoas pensam que o diabo controla o inferno. Não raro, Satanás é retratado como o rei de lá. Mas ele *não* o controla de modo nenhum. Ele é alvo de tudo o que existe de punição e sofrimento no inferno. Ele é responsável por causar muito do mal que há neste mundo, mas não pelo que acontece no inferno.

Obviamente, Deus não quer que ninguém venha a perecer. Deus não está tentando manter ninguém fora do céu. Está tentando levar todo mundo para *dentro* dele. Alguns pensam que Deus está lá, por assim dizer, com o pé trancando a porta, indisposto a deixar que as pessoas entrem. Bem, *ele* está disposto, mas a questão é esta: *você* suporta ficar lá? E, se conseguisse entrar, aquilo seria o céu para você, ou seria algo muito pior?

A única maneira possível para que não existisse inferno se daria se todo mundo amasse a Deus, o quisesse como Deus e desejasse estar na presença dele. E tal cenário não só seria possível, como também seria real. Há pessoas que fazem o melhor que podem para que a coisa seja assim. O ponto de vista defendido pelo universalismo diz que, no final, Deus restaurará tudo de modo que todos vão para o céu. (Todavia, isso é algo que não estamos em condições de garantir a ninguém.) E, atualmente, a reencarnação tem emergido em alguns círculos do cristianismo a fim de que tenhamos a oportunidade de passar pela vida várias vezes até evoluirmos para um tipo de pessoa que de fato gosta de estar na presença de Deus.

Por ser tão preciosa e importante, a vontade humana talvez seja a única coisa no universo que Deus respeita ao máximo. C. S. Lewis escreveu:

> Só há duas espécies de pessoas no final: os que dizem a Deus: "Seja feita a tua vontade"; e aqueles a quem Deus diz: "A tua vontade seja feita". Todos os que estão no inferno foi porque o escolheram. Sem essa autoescolha não haveria inferno. Alma alguma que desejar sincera e constantemente a alegria irá perdê-la.[5]

Deus permite que as pessoas fiquem longe dele. Se, em seu coração, elas estiverem realmente decididas a se ver como deuses e estiverem dispostas a gerir seu próprio mundo, isso as manterá longe de Deus. De certo modo, o caso é semelhante ao do professor que resolve dizer ao aluno desordeiro: "Tudo bem, se você quiser sair, pode sair".

Jesus estava constantemente tentando incluir as pessoas em seu reino. Não estava tentando mandar ninguém para o inferno; estava tentando levar para o céu o máximo número de pessoas possível. Precisamos entender que é no céu que o coração de Deus está. Trabalhei no Texas com um ministro que costumava dizer: "Deus saltará por sobre os pecadores no lago de fogo do inferno como um menino salta sobre as pedras de um lago". Consegue imaginar isso? Contudo, nossa imaginação pode estar errada. O reformador João Calvino (1509--1564) tinha algumas coisas maravilhosas a dizer sobre como, ao comunicar-se conosco sobre essas coisas derradeiras, Deus faz o máximo possível dentro dos limites de nossa imaginação e pensamento.

Às vezes, essas imagens mentais ficam confusas, e acabamos tendo uma impressão errada de Deus. Não raro, lido com pessoas que têm dificuldade para processar os conceitos relativos a Deus, especialmente os do Antigo Testamento. E sempre as aconselho a ouvir o que Jesus disse: "Quem me vê, vê o Pai" (Jo 14.9). Ora, neste contexto, esse é o pensamento que nos salva, pois nos diz onde está o coração de Deus.

Deus *não* criou o inferno por estar louco, por querer ver pessoas sofrendo e gostar de torturá-las por toda a eternidade. A única razão da existência do inferno é o fato de Deus providenciar o que as pessoas querem, e o inferno é simplesmente o melhor que Deus pode fazer por elas.

"Tais homens são indesculpáveis"

Deus nos concede espaço, assim podemos nos esconder. Ele não nos atropela. E o resultado disso é que o mundo físico, do ponto de vista não redimido, se mostra como sendo toda a realidade existente. Mas não é! E, embora Deus não seja evidente, ele é inevitável. Um conhecido meu, o dr. A. E. Wilder-Smith, escreveu um livro intitulado *He Who Thinks Has to Believe* [Quem pensa tem de acreditar].[6] É óbvio que podemos escolher não pensar, mas, *se* pensarmos, sustenta ele, acreditaremos em Deus. Observem a palavra de Paulo sobre isso em Romanos 1.19-20 (NVI):

> Pois o que de Deus se pode conhecer é manifesto entre eles, porque Deus lhes manifestou. Pois desde a criação do mundo os atributos invisíveis de Deus, seu eterno poder e sua natureza divina, têm sido vistos claramente, sendo compreendidos por meio das coisas criadas, de forma que tais homens são indesculpáveis.

Analise essa passagem com cuidado. Há uma tradição no âmbito da teologia evangélica e do treinamento para o ministério que alega não haver um terreno comum onde crentes e descrentes possam se encontrar. Acerca de Gênesis 1.1, algumas bíblias de estudo comentam algo semelhante a isto: "As Escrituras nunca argumentam a favor de Deus". Afirmações desse tipo precisam ser revistas à luz desses versículos de Paulo. Outras afirmações, como a do Salmo 19, também indicam claramente que há um processo comprobatório tão claro e tão convincente que deixa todo mundo sem desculpas. Portanto, investiguemos esse argumento, decifrando-o e tentando torná-lo o mais claro possível.

Por que o mundo físico não pode ser tudo o que existe

Agora, vamos começar a pensar em termos lógicos e examinar isso com cuidado. Acho que podemos tornar óbvio o âmago da discussão, e isso nos levará de volta a Romanos 1.20. Estamos agora decifrando o que na criação do mundo nos faz ver que existe um Deus eterno invisível. O ponto crucial na discussão da criação é este: vivemos em um mundo que funciona automaticamente ou não? Eu acredito que é de longe mais razoável acreditar em um ser pessoal com poder ilimitado como sendo a razão da condição do mundo natural.

A primeira coisa que notamos ao olhar para o mundo físico ao redor é que todos os eventos — físicos e naturais — dependem de algo alheio a eles. Cada evento tem uma causa. Não é possível achar um só caso em que isso não se aplique, por mais que você expanda sua atenção no tempo ou no espaço. Não importa como analise o mundo físico, todas as maneiras de articulá-lo mostram que as partes dependem de algo fora delas e, de fato, anterior a elas. Ora, as teorias causais por trás de qualquer evento que você possa escolher — por exemplo, você está lendo estas palavras neste exato momento; isso é um evento — são completas no ponto onde o evento ocorreu. É importante entender o que isso significa: tudo o que poderia trazer você à leitura desta página foi bem-sucedido. Está concluído. Não ocorrerão outras causas. Não esperamos que alguma delas aconteça, pois está tudo acabado e resolvido; se assim não fosse, você não estaria lendo estas palavras.

Você pode escrever contos de ficção científica sobre o *continuum* tempo-espaço e o modo como seus vários segmentos se cruzam, ou pode fazer filmes sobre como um evento neste ponto do tempo ainda está aguardando as causas que ocorrem depois dele, mas ficção não é realidade. Não tente levar alguém a acreditar que as causas de qualquer evento *real* ainda estão por acontecer. Ninguém aceitaria isso, e por uma boa razão. Uma vez que se trata de uma sequência de eventos completa, ela é finita. Isso quer dizer que ela não pode se prolongar indefinidamente. Pode ser muito longa — e, quando falamos da criação, temos certeza de que é *extremamente* longa. Você pode argumentar sobre a "velha terra" e a "nova terra"; mas, mesmo no caso da "nova terra", tal sequência ainda é *muito* longa. Mas finita. Se não fosse finita, teria um número incontável de causas, de modo que, se você começasse em qualquer ponto, retrocedendo o máximo possível e depois avançando o máximo possível, *nunca* esgotaria todas as causas.

Nenhum evento tem causas físicas infinitas

Se você tiver uma cadeia infinitamente longa de peças de dominós e derrubar a que estiver perto da parte de trás — lembre-se, há um número infinito de peças —, o que acontecerá com as que estão na frente? Elas jamais cairão em sua totalidade, pois, por mais peças que tenham sido derrubadas, ainda haverá outras a derrubar. Você nunca chegará à "última" peça se houver uma série infinita de peças antes dela. Percebe? Isso significa que a sequência de causas deve ter um primeiro membro autossubsistente — isto é, não pode ser nada físico ou natural, seja um evento, seja uma coisa qualquer.

Ao dizer "autossubsistente", simplesmente me refiro a algo que não depende de nada mais para existir. Uma mente ou uma vontade, por exemplo, existe unicamente dentro de seus próprios limites. Muita gente diz: "Espere aí! Não há nada que atenda a essa condição!". Mas tal reação é apenas um reflexo de nossa submersão nas coisas que dependem de alguma outra coisa para sua subsistência. Estamos tão habituados a pensar apenas em coisas físicas e finitas que a própria ideia de um ser autossubsistente nos parece estranha, mesmo que isso nos seja apresentado nas Escrituras.

Em Êxodo 3.14, ao perguntar a Deus como poderia nomeá-lo, Moisés recebe esta resposta: "Eu Sou o que Sou". Essa é a maneira de Deus dizer que existe desde sempre e sempre existirá. Ele é infinito e autossubsistente. Em João 5.26, vemos Jesus falando da mesma forma ao ensinar sobre seu poder de chamar à vida até os que já morreram. Diz ele: "O Pai tem a vida em si mesmo" — eis aqui um ser autossubsistente —, "e concedeu a seu Filho igual poder de dar vida". E nós constatamos a generosidade divina compartilhada entre as três pessoas que compõem a unidade de um ser autossuficiente e fundamental: a realidade pessoal que está por trás de toda a criação.

Como no caso das peças de dominó, o elemento que ocupa a base da sequência de causas físicas — o que derruba as outras peças — não pode ele mesmo ser físico, pois não depende de nada para existir. Analogamente, chegamos à conclusão de que *a criação do mundo físico está assentada sobre algo que não é causado por nada que esteja fora de si mesmo; uma primeira causa que, em relação à natureza, é sobrenatural e autossubsistente.*

Ora, aqueles dentre vocês que estudaram um pouco de filosofia da religião ou refletiram sobre o assunto sabem que há muitas maneiras de tentar contorná-lo; e eu não cheguei nem perto de esgotá-las aqui. Como contrapartida, acho que uma das melhores representações do pensamento ateu é o livro de J. L. Mackie intitulado *The Miracle of Theism* [O milagre do teísmo].[7] Qualquer que seja a maneira pela qual alguém tente lidar com essa questão, descobrirá que a via de análise escolhida de fato demonstra muito bem a conclusão que apresentamos aqui.

Podemos estar inclinados a dizer que ainda não ganhamos nada com isso, uma vez que aquela conclusão não prova que Deus existe. Seja paciente. Separe cada segmento da discussão que se apresenta e dedique-se a raciocinar sobre ele. Entretanto, é preciso entender que, por si só, essa parte da argumentação é muito importante no contexto moderno, no qual a atitude motriz do pensamento ateu é *sempre* reduzir a realidade ao mundo natural. Travar uma discussão defendendo que isso é impossível e que *deve ter havido alguma forma prévia de ser autossubsistente* é um grande passo adiante e, para todos os fins práticos, isso mina o ateísmo em sua forma moderna, sempre naturalista e fisicista. Assim, demonstrar que o mundo não pode ser entendido tal como propõem os ateus é um feito considerável.

Mitos triviais: o *Big Bang* e a evolução cósmica

Vamos acrescentar rapidamente um ponto aqui, porque até agora nada foi dito sobre a natureza desse ser autossubsistente. Em um mundo como o nosso, de onde vem a ordem? Alguns de vocês que acompanham a especulação cosmológica sabem que na década de 1980 iniciou-se uma grande discussão acerca do seguinte: se depois do *Big Bang* o universo era uma espécie uniforme de sopa de *quarks*, de que modo emergiu a ordem nele reconhecida — considerando especialmente os grandes muros de galáxias, que parecem totalmente incompreensíveis do ponto de vista da evolução cósmica como a entendemos? Há dois mitos principais sobre como o universo teria começado. Um é a teoria do *Big Bang*, o outro é a teoria da evolução cósmica. O primeiro funciona como um mito, uma vez que ninguém tenta explicar o *Big Bang* em si; e isso não é considerado um problema (o que caracteriza todo mito). Um mito surge quando precisamos explicar algo que está em vigor, mas que ninguém sabe exatamente como funciona.

De fato, todo cosmólogo que conheço parte da premissa de que o *Big Bang* certamente *não* é a origem do universo. Houve um ponto de grande adensamento de matéria e energia (há diversas descrições desse fenômeno, pois ninguém realmente sabe como descrevê-lo) que veio a explodir. Não se consegue achar um cientista que fale em termos de explosão do *nada*. Nenhum *cientista verdadeiro* fará isso. Como também nenhum cientista tentará convencer alguém, rigorosamente falando, de que a ordem surgiu da desordem.

Em essência, a matéria física é o tipo de coisa que resulta de outra. Não alegamos simplesmente: "Temos aqui estas coisas maravilhosas, e elas vieram do nada". Às vezes, digo a meus alunos que estou lhes entregando cópias de documento cujo original não existe. Em geral, isso os leva a entender aquilo a que me refiro.

Quando você conversar com pessoas que acreditam na teoria do *Big Bang*, segundo a qual o universo surgiu do nada, peça que lhes mostrem uma revista especializada ou um manual aprovado por profissionais competentes que explique como isso aconteceu. Pergunte-lhes onde se pode encontrar um documento desse tipo. Essa é uma forma de ajudar as pessoas a pensar seriamente sobre o caso.

O mito da evolução cósmica afirma que a ordem provém da desordem. Essa é a única maneira de que os ateus dispõem para evitar o pressuposto de que não somente existe um ser autossubsistente, mas que esse ser autossubsistente é uma grande inteligência que *sabe*. Note que, desde a antiguidade, as pessoas vinham dizendo: "Dada a ordem do cosmo, é óbvio que há um Deus. É evidente que ele existe". A sugestão da evolução cósmica como uma alternativa ocorreu apenas no século 19, e envolve esta curiosa dificuldade: ela não consegue explicar a ordem, uma vez que sempre a *pressupõe*. A evolução é algo que acontece com entidades de um tipo específico, em um ambiente especificamente estruturado. Não se pode ter evolução a menos que já exista ordem.

A ordem provém da mente

O único lugar que sabemos ser a origem da ordem é a mente. Quase tudo o que você vê ao seu redor, exceto você mesmo, foi produzido por uma mente. Em todo tempo, experimentamos a ordem que parte da mente humana para a realidade física, quer se trate de bolos de chocolate, naves espaciais ou computadores. Ora, está provado que há um material pré-existente, processado pela mente humana; mas todos nós sabemos que, em termos causais, esse material depende da mente que o concebe e molda. E temos nossa própria experiência, que não nos permitiria acreditar em nenhum outro argumento acerca da ordem em geral.

Há uma mente criativa por trás do mundo físico. O primeiro capítulo de Gênesis trata desse assunto em sua totalidade. E leia de novo estas palavras de Paulo em Romanos 1.20: "Pois desde a criação do mundo os atributos invisíveis de Deus, seu eterno poder e sua natureza divina, têm sido vistos claramente, sendo compreendidos por meio das coisas criadas, de forma que tais homens são indesculpáveis". E em Hebreus 11.3: "Pela fé, entendemos que todo o universo foi formado pela palavra de Deus; assim, o que se vê originou-se daquilo que não se vê". No que diz respeito à nossa conclusão, portanto, devemos acreditar que a primeira causa da realidade física seria também uma mente — a propósito, suficientemente grande.

A leitura da fórmula $e = mc^2$ da esquerda para a direita

O entendimento da inter-relação de energia e massa é um ponto fundamental para a teologia. Nós, como seres humanos, sempre lemos $e = mc^2$ da direita para a esquerda. Temos uma massa de matéria e gostaríamos de transformá-la em energia para fazer funcionar geradores ou explodir alguma coisa. Aliás, foram desenvolvidos aceleradores para tentar levar partículas a uma velocidade tal que, ao colidirem, produzam energia suficiente para criar matéria. (É o caso, por exemplo, do Grande Colisor de Hádrons, instalado perto de Genebra, na Suíça.) Ora, Deus não tem nenhuma dificuldade quanto a isso. Ele é energia infinita. Note que eu não disse que ele *tem* energia infinita. Disse que ele é energia infinita. A palavra de

Deus se propaga nas ações pelas quais ele cria matéria. E todas as partículas de matéria que se veem, inclusive seu corpo, são mantidas coesas pela ação divina.

Quatro passagens das Escrituras são especialmente úteis quando se estuda a ação divina que sustenta toda a realidade física:

- Hebreus 1.3: "O Filho [...], com sua palavra poderosa, sustenta todas as coisas".
- Colossenses 1.16: "Pois, por meio dele, todas as coisas foram criadas, tanto nos céus como na terra".
- 2Pedro 3.11: "Visto, portanto, que tudo ao redor será destruído [...]".
- Atos 17.28: "Pois nele vivemos, nos movemos e existimos".

É importante não apenas dizer que deve haver algo como Deus para trazer o universo à existência, mas ter um conceito formado sobre o que isso implica. As Escrituras abordam essa questão inúmeras vezes. Por exemplo, em Colossenses 1.16, Paulo nos faz uma declaração maravilhosa sobre a criação: "Pois, por meio dele, todas as coisas foram criadas, tanto nos céus como na terra, todas as coisas que podemos ver e as que não podemos, como os tronos, reinos, governantes e as autoridades do mundo invisível". Depois o apóstolo continua: "Ele existia antes de todas as coisas e mantém tudo em harmonia" (v. 17). Tudo se mantém coeso nele. O outro extremo disso está em 2Pedro 3.10, nesta maravilhosa declaração acerca do fim dos tempos: "Contudo, o dia do Senhor virá como um ladrão. Os céus desaparecerão com terrível estrondo, e até os elementos serão consumidos pelo calor". A palavra traduzida como "consumidos" é *duromenone*, que na verdade significa *tornar desintegrado*. Tudo será desintegrado, desfeito, dissolvido.

Assim que você entender isso, estará preparado para tratar com muita seriedade da relação de Deus com o universo físico; depois, questões como milagres e outras coisas se encaixarão muito bem. Quando Jesus transformou água em vinho (Jo 2.1-11), ele simplesmente alinhou seu controle sobre a matéria que constituía a água. Tenho um amigo químico que afirma que isso não pode ter acontecido, porque o calor e a energia necessários para essa transformação teriam mandado o recinto pelos ares. Mas estamos falando de alguém que sabe como tudo se encaixa e sabe como lidar com essas pequenas contingências. E, quando as ondas respondem às palavras dele (Mc 4.35-41), elas estão respondendo àquele que, de qualquer modo, as mantém coesas.

Procedendo da infinita energia do Deus pessoal, autossubsistente, a matéria se reúne, conforme os propósitos divinos, na criação do universo físico. Tenha em mente que o universo físico não constitui a totalidade da criação. Quando lemos Gênesis 1.1, ali está dito: "No princípio Deus criou os céus e a terra". Mas nós, de certo modo, desconsideramos os céus e nos concentramos na terra como se só ela realmente tivesse importância. A terra é uma pequena parte da criação, e nós precisamos ter isso em mente.

Não estou fazendo divulgação científica quando trago à baila a fórmula $e = mc^2$. Estou apenas dizendo que isso constitui nosso melhor conhecimento, e ele se encaixa muito bem naquilo que as Escrituras nos dizem. Assim que aprendermos a ler essa equação da esquerda para a direita, tal como fazemos da direita para a esquerda, ela nos ajudará a entender que a ação de Deus transforma sua energia em matéria (Gn 1.1; Hb 11.3). Esta é a beleza das equações: elas funcionam em ambas as direções.

O envolvimento de Deus na ciência e na tecnologia

Louvo a Deus pela ciência. Acredito que é obra dele. Se você conhece a história da ciência, deve concordar que ela vem de Deus, porque os seres humanos estão apenas engatinhando nesse campo. Talvez você se interesse por examinar o livro

Os sonâmbulos, no qual Arthur Koestler discute muitas das grandes figuras envolvidas no surgimento da ciência moderna.[8] A reconciliação da ciência com a Bíblia é uma coisa séria, porque ambas são fundamentais no convite à humanidade para que sejamos responsáveis filhos de Deus. As hipóteses científicas são mantidas provisoriamente, ao passo que a verdade bíblica é eterna. Não é necessário que haja uma reconciliação total entre elas, mas algum nível de harmonia é exigido. E não é fácil entender como elas se relacionam. Eu realmente acredito que a mão de Deus está na história na forma do desenvolvimento da tecnologia e da ciência. Acredito que isso faz parte de seu plano de nos abordar por meio da história humana, e creio que haverá ciência e tecnologia também no céu.

Sinto-me agradecido pelos avanços científicos que testemunhamos em nossa época porque tenho certeza de que, quanto mais aprendermos, tanto mais nos convenceremos de que, de fato, aquilo que a Bíblia diz sobre a criação e a realidade física é verdadeiro. Tenho certeza disso, e mal posso esperar que aconteça. Isso não resolverá todos os nossos problemas, mas acredito no que disse Paulo em Romanos 1.19-20. Vivemos a era do telescópio espacial Hubble, e as palavras do apóstolo ainda são verdadeiras — e continuarão sendo de modo cada vez mais claro.

Fé como alicerce da vida

Não precisamos ir muito fundo em nosso raciocínio e em nossa vida para constatar os efeitos de termos ou não termos certeza acerca de Deus. Acredito que as Escrituras apresentam a fé real como algo que se baseia no conhecimento e também como algo que ultrapassa tudo o que se possa saber, além de implicar um compromisso com Deus e seu reino. Essas duas coisas, conhecimento e compromisso, não são mutuamente excludentes; pelo contrário, estão relacionadas. Se não tivermos o conhecimento de Deus no alicerce de nosso compromisso, esse compromisso simplesmente não se sustentará. Ele vai oscilar; não vai reger nossa vida. Será como retirar a cadeira de alguém que está no ato de sentar-se. Então, não conseguiremos persistir em nossa crença segundo os intentos de Deus, isto é, pela ação de seu Espírito em nosso coração e mente.

O conhecimento e a fé estão fadados a caminhar juntos. Por exemplo, ao ler Hebreus 11, o grande capítulo sobre a fé, vemos a fé equiparada a uma visão da realidade. Ficamos sabendo que Moisés resistiu como alguém que enxerga o invisível. A fé não é um mero pensamento de que algo seja verdadeiro, nem é a esperança ou a resolução de acreditar que o seja. Como disse Martinho Lutero no prefácio de seu comentário sobre Romanos:

> A fé é uma confiança viva, bem-fundamentada na graça de Deus, algo que torna o crente tão perfeitamente seguro de si a ponto de preferir morrer mil vezes a renunciar sua convicção. Essa confiança e esse conhecimento pessoal da graça divina tornam o fiel alegre, ousado e pleno de caloroso afeto para com Deus e todas as coisas criadas — todas as quais o Espírito Santo opera na fé. Consequentemente, não é preciso haver coação para que tal homem se torne ansiosamente determinado a fazer o bem em prol de todos, a servir a todos, a suportar todos os tipos de aflição, a fim de agradar e glorificar a Deus, que lhe mostrou tamanha graça. Portanto, é impossível separar as obras da fé — sim, exatamente tão impossível como separar o calor da luz do fogo.[9]

Portanto, quando contrastamos a fé e a visão, esta sempre deve ser qualificada, para sabermos de que tipo de visão estamos falando. E esse tipo de visão — a visão do ser autossubsistente sem o qual todo o universo como o conhecemos simplesmente afundaria e desapareceria —, esse conhecimento, essa fé, essa perspectiva é a rocha sobre a qual podemos construir nossa vida.

5
Comunicação entre Deus e a humanidade

Então vi um novo céu e uma nova terra, pois o primeiro céu e a primeira terra já não existiam, e o mar também não mais existia. E vi a cidade santa, a nova Jerusalém, que descia do céu, da parte de Deus, como uma noiva belamente vestida para seu marido.

APOCALIPSE 21.1-2

Não haverá mais maldição sobre coisa alguma, porque o trono de Deus e do Cordeiro estará ali, e seus servos o adorarão. Verão seu rosto, e seu nome estará escrito na testa de cada um. E não haverá noite; não será necessária a luz da lâmpada nem a luz do sol, pois o Senhor Deus brilhará sobre eles. E reinarão para todo o sempre.

APOCALIPSE 22.3-5

À medida que avançamos em nosso trabalho apologético, indo além da questão da existência de Deus e de sua natureza fundamental, nosso trabalho passa a ser menos uma questão de prova (embora isso continue absolutamente crucial em certos pontos) e mais uma questão de "ver sentido" nos elementos da fé cristã, mostrando que, logicamente, ela deve ser tal qual é.

Chegamos agora ao ponto onde pretendemos tratar de questões que surgem sobre a escolha de um povo, com quem Deus firmou uma aliança na história, e sobre a Bíblia. Não vou começar com a tradicional prática de tentar provar que a Bíblia é verdadeira e, então, tratar de todas as objeções. A razão disso é muito simples. Quando chegamos a este ponto no desenvolvimento de uma apologética como a que acredito que os cristãos deveriam seguir, é mais importante dar sentido à nossa fé do que tentar provar isso ou aquilo para outras pessoas (especialmente para aqueles que, no fim das contas, não querem acreditar). Precisamos mostrar que dispor de uma Bíblia como a nossa é precisamente a coisa certa a se fazer, se visamos ao que Deus planeja realizar com seres humanos na história. Precisamos mostrar que chamar um indivíduo

(Abraão), torná-lo seu amigo e chamar a família dele para ser uma luz para toda a terra é exatamente o tipo de coisa que você faria se planejasse realizar na história humana aquilo que Deus planeja realizar. Assim, vamos agora analisar essas questões com muito cuidado.

À medida que passamos a tratar de pontos específicos sobre o denominado "povo da aliança", a discussão se estende de um modo distinto, dirigindo-se à própria igreja e ao livro de Deus recebido de tal tradição. Ora, lembre-se de que nosso objetivo é trabalhar com a razão e o Espírito a fim de resolver dúvidas e nos tornar mais confiantes acerca da presença divina — o Deus apresentado na Bíblia — em nós, de modo que isso leve as pessoas a indagarem sobre o que torna nossa vida tão diferente e o que nos faz ser o que somos. Aquelas pessoas precisam receber de nós uma resposta que possa ajudá-las a abraçar a mesma fé.

Não supomos que vamos converter as pessoas ou mudar a vida que elas levam simplesmente mediante o poder de nosso raciocínio. Mas, como tudo na vida, somos chamados por Deus a nos empenhar esperando e crendo que nossos esforços serão ungidos e que, em consequência deles, veremos uma diferença maior do que poderíamos fazer sozinhos. A marca do Espírito em qualquer empreendimento é sempre a imensurabilidade do resultado em relação ao esforço. Sempre. E, se vocês examinarem a Bíblia ou ouvirem testemunhos de cristãos, verão que é assim em todas as ocasiões. Nós nos esforçamos, e o resultado é muito maior do que poderíamos conseguir apenas com esse esforço.

Lembre-se de que, na execução do trabalho apologético, estamos ajudando cristãos e não cristãos. Isso nos inclui e inclui outros, pois, se o remédio que temos não é bom para nós, provavelmente não será bom para outros. Estamos usando nossa razão para ajudar as pessoas a chegarem a um lugar evidente de fé, onde sua confiança no Deus da Bíblia será tão real quanto o chão em que se firmam. Isso é fé. Esse é o tipo de fé que resulta em paz, esperança e obediência, porque é uma fé que nos põe em contato com a realidade do reino de Deus.

Até aqui, utilizamos argumentos básicos da realidade de Deus. Repassamos o argumento que prova a necessidade da existência de um ser infinito, autossubsistente, pessoal, sem o qual não existiria nada do que é físico. Discorremos sobre por que Deus não é evidente, por que ele permite a existência de um mundo que parece funcionar por si só até que se comece a investigá-lo na tentativa de descobrir o que o faz funcionar e como pode existir.

Agora, pretendemos ir além desse ponto e investigar como tal ser se relaciona com este mundo. Vamos acompanhar a analogia de Deus em relação aos seres humanos como criador em relação a suas criações, e vamos precisar extrair outras verdades dessa comparação. Em outras palavras, precisamos refletir mais demoradamente sobre como a mente se relaciona com suas criações. Para entender como funciona o raciocínio, temos de dividir em três níveis as provas que examinamos no entendimento da fé cristã. O primeiro é o nível da história.

O processo da criação

Precisamos examinar com cuidado o que de fato aconteceu com a humanidade no curso de nossa história aqui na terra. Quando pensamos sobre isso, talvez queiramos nos perguntar o que é que nos levaria a pensar que Deus está constantemente interessado nos seres humanos. Para conseguir a resposta, temos de retroceder até o ato da criação e a toda a ideia de criar alguma coisa.

Em geral, como você se sente em relação às coisas que cria? Se você faz um sanduíche de presunto e queijo para alguém, e essa pessoa joga o lanche ao chão e pisa em cima dele, como você se sente? Consegue perceber? Nós temos um interesse constante naquilo que criamos. E isso é típico de todas as formas de criação. Mesmo que o resultado de nosso trabalho seja tosco, ele atrai nosso interesse, e é por isso que chegamos até a nos envergonhar dele. Não ficamos simplesmente indiferentes.

Sempre há uma relação permanente entre o criador e a criação, quer se trate de você e seu sanduíche de presunto e queijo, quer se trate de Deus e o mundo por ele criado. Isso porque, no processo de criação, nossa própria essência é colocada naquilo que criamos. Talvez um sanduíche de presunto e queijo não nos exija tanto, mas, a bem da verdade, investimos nossa escolha, nosso pensamento e nossa energia ao prepará-lo. E é por isso que não ficamos indiferentes ao que acontece com ele. O que ocorre com aquele sanduíche é genuinamente importante para nós. Mesmo que disséssemos: "Bobagem minha permitir que aquilo tenha importância!", ele ainda seria importante.

Prosseguindo com a analogia do criador em relação à criatura e da mente humana em relação a suas criações, vemos que Deus tem um interesse constante em sua criação. E, como todos os que criam qualquer coisa que seja, a parte primária da imagem de Deus nos seres humanos é a ação criativa. Quando você voltar a Gênesis 1, verá que a história vai diretamente de "Façamos o ser humano à nossa imagem" a "[O ser humano] dominará..." (v. 26).

Deus nos criou e nos deu um corpo a fim de que dispuséssemos de uma fonte de poder independente para agir. É isso que seu corpo é: sua fonte de poder independente. É a pequena "quota de energia" que Deus atribuiu a cada um de nós para que usemos em nossa liberdade e desenvolvimento. Deus fez o corpo de maneira tal que podemos usá-lo até para nos rebelar contra o próprio Deus. Quando observamos nossas habilidades criativas, o modo como nos relacionamos com as coisas que criamos, vemos uma estrutura que é comum a Deus e à sua criação, bem como a nós e às nossas criações: criamos para o bem, e Deus cria para o bem.

Ora, esse é um argumento analógico; não é um argumento que pretende ser dedutivamente válido. Um argumento dedutivamente válido é tal que, se as premissas são verdadeiras, é inegável que a conclusão também seja verdadeira. O raciocínio analógico se parece mais com o padrão do que é razoável aceitar. Por exemplo, olhe para os altos prédios do centro de Los Angeles; eles foram planejados e construídos segundo o raciocínio analógico, normalmente com base em tabelas atuariais. Ora, isso não é válido dedutivamente. É um argumento que sugere uma circunstância similar a partir de uma situação similar. Assim, precisa ser avaliado em termos desse tipo de estrutura.[1] Ao avaliar um argumento analógico, observamos a força da comparação.

É óbvio que há algumas diferenças nessa analogia. Por exemplo, Deus criou a matéria a partir do nada, e isso com certeza não podemos fazer. Nunca criamos um sanduíche de presunto e queijo a partir do nada. Nós o criamos a partir do pão, do presunto e do queijo. Contudo, se você observar o processo criativo em si, ele encerra a conclusão de que uma mente criativa se preocupa com o que acontece com seu produto. Isso é especialmente verdadeiro quanto melhor for o criador em sua mente e caráter.

Bem, às vezes fazemos coisas perversas. Mas até nesse caso há algo de bom, na medida em que estamos *subjetivamente* envolvidos. Estamos buscando algo de valor mesmo quando não percebemos que se trata de um valor errado. Quando Deus cria, ele cria para o bem. Ele vem para criar alguma coisa que é boa e, por causa disso, ele continua tendo interesse nela, continua trabalhando com ela e cuidando dela. Isso faz parte de toda a ação criativa.

Portanto, a primeira verdade que pretendo fazer sobressair com a máxima clareza possível nessa linha de raciocínio é que há um propósito bom para a história humana e para a vida individual nela contida: desenvolver e contribuir para uma comunidade gloriosa e triunfante de amor, compreensão e liberdade em grau absoluto. Deus interage continuamente com sua criação para garantir que ela produza o bem.

Construindo sobre algo já estabelecido

Precisamos ter em mente os estágios anteriores da argumentação. Um dos erros muitas vezes cometidos na apologética é que não mantemos as coisas em ordem à medida que avançamos. Assim, quando chegamos a este ponto devemos ter em mente que não estamos tentando estabelecer a existência de um Deus. Tampouco estamos tentando estabelecer que existe um Deus com uma personalidade. Isso já foi estabelecido. A questão agora é esta: *dado que existe um Deus assim*, como devemos interpretar a história da humanidade? É a isso que precisamos atentar. Se não mantivermos as coisas cuidadosamente em ordem, muitas questões da apologética simplesmente nos cansarão até a exaustão.

Por exemplo, um dos principais problemas da apologética é a existência do mal. Por que existem no mundo o sofrimento e o mal? Muita gente aborda esse assunto desprovida de qualquer prova de que Deus existe e, em consequência disso, fica totalmente incapacitada para lidar com o caso, por não dispor de uma visão suficientemente ampla da realidade, uma perspectiva que permita enfrentar esse ponto complexo. É preciso ter resolvido primeiro a questão da existência de Deus, de modo que, quando se chega a um tema sério como o da existência do mal, a pergunta "Deus existe?" não se sustenta. Em vez disso, a pergunta a se fazer é: "Dado que Deus existe, como devemos entender a presença do mal no mundo?"

O mesmo acontece quando pensamos na história humana. É sempre importante lembrar que não estamos olhando para a história como algo que acabamos de descobrir, como quem pergunta: "O que é isto?". Já estabelecemos que existe um ser infinito, autossubsistente e pessoal que criou a história humana. E, sob esse ponto de vista, a chave do entendimento é a compreensão de que há algum propósito bom para a história humana.

Vamos insistir um pouco nesse ponto. A história humana tem realmente algum bom propósito. E por que afirmo isso? Vamos retroceder sobre o assunto e exercitar nossa *razão*:

1. A história humana é o resultado de um Deus pessoal, que é seu criador.
2. Criadores criam para o bem.
3. A história humana é criada.
4. Logo, a história humana foi criada para o bem.

Ora, uma das coisas que aprendemos estudando apologética é tentar expor esse tipo de argumentação do modo mais claro e formal possível. Assim se pode começar a esmiuçar as questões. Se você tiver dúvidas sobre as premissas que acabei de listar, espero que as registre por escrito e as avalie com cuidado até começar a sentir-se satisfeito em relação a elas. Lembre-se de que elas provêm da analogia entre Deus como criador e qualquer indivíduo no papel de criador.

Os bons propósitos de Deus na história

Quando olhamos para a história humana hoje, nossa pergunta é esta: qual poderia ser o bom propósito da história humana? Mas uma das coisas que incomoda as pessoas quando lidam com essa questão é: como posso ter certeza de que Deus é bom? Vou lhe dizer de modo muito simples como sei que Deus é bom. Se ele não fosse bom, se ele fosse mau, o mundo seria muito pior do que é. Isso me garante que ele não poderia ser mau. O que quero dizer é que precisamos pensar em como o mundo *poderia* ser pior. Suponha que o mundo fosse um grande campo de concentração. No próximo capítulo, trataremos do mal mais demoradamente, mas o ponto principal que pretendo apresentar aqui é que nós temos um Deus bom que se opõe ao mal.

A visão bíblica é que Deus está sempre nos protegendo do mal, contra o qual ele luta constantemente. Isso é afirmado muitas e muitas vezes nas Escrituras. Por exemplo, em Gênesis 6, antes do dilúvio, Deus diz: "Meu Espírito não tolerará os humanos por muito tempo, pois são apenas carne mortal. Seus dias serão limitados a 120 anos" (v. 3). Temos aí um quadro em que se vê Deus lutando contra o mal que há no coração da humanidade e impondo-lhe limites. De fato, nessa passagem, temos a impressão de que Deus decidiu encurtar a extensão da vida dos seres humanos para limitar o tempo durante o qual eles podem resistir ao próprio Deus. Percebe? O Espírito de Deus está constantemente presente na vida humana.

Pense por um momento em Jó. Ele é uma pessoa interessante a considerar aqui, porque não era um membro do povo da aliança. Jó não era judeu, mas Deus pôs uma cerca em volta dele. E, em vez de pensar em Jó como uma exceção, peço que pense nele como a regra. Deus põe uma cerca em volta daqueles que o procuram, impedindo que o mal lhes aconteça. Lembre-se de que Jeremias afirma: "Graças ao grande amor do SENHOR é que não somos consumidos, pois as suas misericórdias são inesgotáveis" (Lm 3.22, NVI).

Há um hino antigo cujo refrão creio que você conheça:

Tu és fiel, Senhor,
Tu és fiel, Senhor,
Dia após dia,
Com bênçãos sem fim.[2]

Trata-se apenas de palavras bonitas? Muitas coisas em nossa Bíblia e em nossos cânticos tornaram-se uma série de palavras bonitas que para nós já nada significam. As Escrituras dizem muito sobre a resistência de Deus ao mal. Não deixe que isso passe despercebido.

Em 2 Tessalonicenses 2.6-8, Paulo fala sobre a vinda do anticristo. Ele diz aos moradores de Tessalônica que o anticristo ainda não virá, porque aquele que o detém ainda não foi removido. Chegará um tempo em que aquele que detém o mal sairá de cena. Em Gálatas 5.17, vemos Paulo discorrer sobre como o Espírito e a carne estão em constante conflito um contra o outro. Apocalipse 12.12 descreve o cenário após a derrota do diabo no céu e seu lançamento sobre a terra e o mar. Essa passagem descreve como será quando o diabo tiver grande força e poder: ele estará cheio de fúria e se mostrará assustado porque, como dizem as Escrituras, lhe restará pouco tempo.

Na Oração do Senhor, aprendemos isto: "E não nos deixes cair em tentação, mas livra-nos do mal". Em sua opinião, o que isso quer dizer? Significa que devemos constantemente pedir a proteção divina contra o mal. Estamos em um campo de batalha. É como se houvesse dois exércitos, um do bem e outro do mal, e nós estivéssemos no meio. Mas o diabo nada pode fazer em relação a Deus, que é absolutamente demasiado grande. O diabo está restrito a uma esfera de atividade limitada, no âmbito da qual seu único jeito de atingir Deus é fazendo o mal à criação divina.

Estou insistindo nisso porque o mal é real. E nós temos de entender essas coisas. Também precisamos saber que Deus se opõe ao mal e providenciou os meios para nos proteger. Ao advertir contra a ofensa a crianças, Jesus disse: "Pois eu lhes digo que, no céu, os anjos deles estão sempre na presença de meu Pai celestial" (Mt 18.10). *Os anjos deles.* Jesus se preocupava muito com as criancinhas. Ele sabia que coisas terríveis podem acontecer com elas. Elas são tão preciosas para Deus que seu cuidado as envolve individualmente. Agora, quando as crianças crescem e ficam velhas e feias, como eu, talvez os anjos simplesmente vão embora. Você acha que é assim que funciona? Bem, eu acredito que os anjos permanecem exatamente onde estão. Deus resiste ao mal. O mal não é obra dele. Ele se posiciona contra o mal. Nós estamos na arena da história humana, na qual os *bons* propósitos de Deus devem ser levados a bom termo.

Vamos examinar brevemente como Paulo declara tais propósitos. Efésios 2.4-7 traz uma discussão sobre esse conflito e sobre o espírito que agora atua nos filhos da desobediência:

> Mas Deus é tão rico em misericórdia e nos amou tanto que, embora estivéssemos mortos por causa de nossos pecados, ele nos deu vida juntamente com Cristo. É pela graça que vocês são salvos! Pois ele nos ressuscitou com Cristo e nos fez sentar com ele nos domínios celestiais, porque agora estamos em Cristo Jesus. Portanto, nas eras futuras, Deus poderá apontar-nos como exemplos da riqueza insuperável de sua graça, revelada na bondade que ele demonstrou por nós em Cristo Jesus.

Ora, é *nisso* que consiste a história humana! (Você pode ter muitas conversas fascinantes se conseguir levar as pessoas a revelar seus pontos de vista sobre aquilo em que consiste a história humana; a propósito, especialmente se elas forem ateias.) Examine de novo a afirmação de Paulo no versículo 7: "Portanto, nas eras futuras, Deus poderá apontar-nos como exemplos da riqueza insuperável de sua graça, revelada na bondade que ele demonstrou por nós em Cristo Jesus". Percebe? Nós somos exemplos admiráveis que, "nas eras futuras", serão a prova de sua graça e bondade. E, novamente: "O plano de Deus era mostrar a todos os governantes e autoridades nos domínios celestiais, por meio da igreja, as muitas formas da sabedoria divina" (3.10). O que se tornará conhecido é o que Deus revelará da história humana, o que Malaquias 3.17 descreve como seu "tesouro especial".

Aquilo que Deus revelará da história humana em seu povo será o maior reflexo da própria glória, sabedoria e amor divinos. É nisto que consiste a história humana: em criar uma sociedade de redimidos que serão a joia da coroa da criação. E, quando observamos todas as coisas terríveis que acontecem na história da humanidade, quando observamos nela a extensão do mal, precisamos lembrar o que seria perdido se essa mesma história não tivesse acontecido. O que se perderia seria precisamente a joia da coroa da criação, que consiste nas pessoas identificadas com Cristo convivendo naquela espécie de amor que os membros da Trindade têm um pelo outro e desfrutando daquele ser pleno, compartilhado, autossubsistente que caracteriza o próprio Deus, uma vez que Deus habita em tais pessoas.

É um pouco difícil pintar um quadro que faça jus a essa realidade. Mas lembre-se: é isso que você é chamado a fazer. É nisso que consiste a igreja em geral. Reunir aquelas pessoas, juntá-las, servi-las e convidar outros para fazer parte da grande sociedade de Deus, que nós devemos acreditar ser a única maneira pela qual Deus pode expressar a plenitude de sua glória, bondade e grandeza. *Você* é parte disso. Você participa disso. E agora, quando um indivíduo se apresenta e lhe diz: "Por que você é tão feliz mesmo em meio ao sofrimento? Por que você é tão feliz ainda que as coisas saiam erradas? De onde vem a força que há em você? Por que você tem dentro de si uma vida que flui para outros e palavras que mudam a vida deles?", você pode dizer que é porque Deus está presente na história humana por meio de você e de sua comunidade de irmãos. Você pode dizer a tal indivíduo: "É nisso que consiste a criação, a realidade, a vida e toda a história humana".

Você provavelmente ainda terá muito trabalho a fazer, mas esse é o âmago da resposta, e nós não podemos nunca perdê-lo de vista. Até os anjos parecem não entender. Lemos em 1Pedro 1.12, quando o autor fala da redenção e do evangelho, que essas são coisas "que até os anjos anseiam observar". Nós acreditamos que virá um tempo em que eles verão o resultado e dirão: "Ah, é *nisso* que tudo consiste! Foi por isso que ele os criou! Foi por isso que os deixou viver em circunstâncias nas quais eles podiam praticar o erro, e por isso suportou o povo da aliança por muitos, muitos séculos, e então enviou seu próprio Filho para ser rejeitado exatamente pelo povo da aliança, a fim de que ele próprio pudesse criar a partir disso uma comunidade de redimidos muito mais ampla". E eles conhecerão mais plenamente a grandeza e bondade divinas.

Se você fosse Deus e quisesse realizar isso na história humana, o que faria para levar a cabo esse empreendimento? Lembre-se, não se trata de algo que se possa fazer simplesmente trocando a fiação das pessoas. Jesus disse aos que o criticaram em seu tempo que "até destas pedras Deus pode fazer surgir filhos de Abraão" (Mt 3.9). Mas ele não fez isso, fez? Por que Deus não teria, de modo simples e direto, criado a comunidade de que acabamos de falar? É porque, ao agir como tem feito na história, ele está criando uma comunidade de amor que lhe responde livremente, que *escolhe* ser dele, que diligentemente o *procura* até encontrá-lo, e que encontra nele a plenitude da vida. Não há robôs aqui. Nem máquinas. Somente gente que experimentou o livre desenvolvimento do caráter identificado com Cristo. Gente redimida.

O amigo de Deus

Assim, quando Deus entrou na história humana, ele encontrou um único homem. Eu não acho que todos os outros deixaram de ser tocados por Deus; mas acho que, quando veio para realizar esses propósitos específicos, Deus escolheu uma pessoa específica: Abraão. O termo usado nas Escrituras para descrever o relacionamento entre Abraão e Deus é "amigo". Abraão era amigo de Deus. Examine comigo alguns versículos sobre esse relacionamento. (Espero que depois você procure outros textos sobre Abraão e rastreie toda a Bíblia à procura de detalhes sobre essa amizade.)

Em um momento de crise nacional para o povo de Israel, Josafá ora dizendo: "Ó nosso Deus, acaso não expulsaste os habitantes desta terra quando Israel, teu povo, chegou? Não deste esta terra para sempre aos descendentes de teu *amigo* Abraão?" (2Cr 20.7). Isaías usa as mesmas palavras: "Quanto a você, meu servo Israel, Jacó, meu escolhido, descendente de meu amigo Abraão [...]" (Is 41.8) e explica em detalhes o chamado de Abraão:

> Deus, o Senhor, criou os céus e os estendeu,
>   criou a terra e tudo que nela há.
> Dá fôlego a cada um
>   e vida a todos que caminham sobre a terra.
> É ele quem diz:
> "Eu, o Senhor, o chamei para mostrar minha justiça;
>   eu o tomarei pela mão e o protegerei.
> Eu o darei a meu povo, Israel,
>   como símbolo de minha aliança com eles,
> e você será luz para guiar as nações:
>   abrirá os olhos dos cegos,
> libertará da prisão os cativos,
>   livrará os que estão em calabouços escuros.
>
>   Isaías 42.5-7

Observe como Deus é identificado: "Deus, o Senhor, criou os céus [...], criou a terra e tudo que nela há". É sempre dessa maneira soberana que Deus é identificado nas Escrituras. Em segundo lugar, ele é apresentado como alguém que tinha uma aliança com Abraão: "Eu o darei a meu povo, Israel, como símbolo de minha aliança com eles, e você será luz para guiar as nações". A ideia básica é que, por causa dos propósitos divinos para a história humana, quando ele estava pronto para entrar em contato com a humanidade, Deus o fez por meio de um indivíduo com o qual se relacionava como amigo. Por meio da família desse indivíduo, ele criou um povo e uma cultura.

A singularidade da cultura judaica

Precisamos dedicar algum tempo para refletir sobre os judeus. Não há na terra nenhum povo como os judeus. Eles até hoje devem sua existência milenar unicamente a Deus e à verdade que esse Deus lhes deu em sua história e suas leis, as quais foram compiladas em um livro. A maior reiteração acerca de Deus que já foi concedida à humanidade está no Antigo Testamento. E o Novo Testamento, depois que se entende o Antigo, é uma simples e natural consequência.

Compare o Salmo 23 com toda a literatura religiosa existente. Você verá que não se trata de algo que poderia ter sido inventado. É *estranho* demais para ter sido inventado. E, se você simplesmente lançar um olhar sobre todas as teorias da origem das religiões na companhia de gente como o filósofo David Hume ou o psicólogo Sigmund Freud, não encontrará nada que explique o conteúdo do Antigo Testamento tal como está expresso em seu ápice, no Salmo 23. *Não encontrará nada.* Leia literatura budista, leia literatura hindu. Não *converse* sobre essas literaturas, *leia-as diretamente*. Muitas pessoas leem um ou dois versículos, uma ou duas passagens, um sermão aqui e outro ali, e supõem que aquilo representa determinada religião. Não, leia a coisa toda e *depois* compare as religiões. Você vai descobrir que não há nenhuma possibilidade de explicar a origem da revelação e dos ensinamentos da religião judaica por meio de princípios naturais.

O sacrifício de animais

Ora, há coisas na história da cultura judaica com as quais as pessoas têm dificuldades. Uma em particular é o repulsivo ritual do sacrifício de animais. Deus nos dá instruções muito cuidadosas sobre como e por que sacrifícios específicos devem ser feitos, e a leitura dessas instruções pode ser muito penosa para aqueles dentre nós que defendem os direitos animais e leem com bons olhos a advertência: "Nenhum animal foi molestado na produção deste filme". Além das festas anuais que exigem sacrifícios oferecidos pelas famílias de Israel, as Escrituras registram ocasiões em que centenas de animais foram abatidos no altar dos holocaustos. O que isso nos mostra acerca do Deus que dizemos ser tão bom e amoroso?

Isso é um reflexo de como Deus se encontra com as pessoas onde elas estão. Ele está disposto a fazer concessões para as pessoas com quem tenta se comunicar, e vai redimi-las por meio das circunstâncias em que elas se encontram. A cultura do mundo antigo era violenta em muitos aspectos, e os sacrifícios de animais constituíam uma parte normal de como a coisa funcionava. Quando se fazia um pacto com alguém, a manifestação do acordo não se limitava a um aperto de mãos e uma assinatura em linha pontilhada. Naquele tempo, "cortava-se" um pacto com a outra parte. Isso significava cortar um animal ao meio e caminhar juntos entre as duas partes cortadas, o que, basicamente, representava esta verdade: "Que aquilo que aconteceu com este animal aconteça com qualquer um de nós que violar este pacto". Assim, Deus usou sacrifícios porque era algo que as pessoas entendiam. Deus não é um pedante que exige que tudo em nós seja correto antes de ter qualquer relacionamento conosco. Sua disposição de encontrar-se conosco onde estamos é crucial para seu projeto de nos redimir.

Os sacrifícios animais começaram a ocorrer quando os primeiros seres humanos pecaram. Alguns animais tiveram de ceder sua pele para cobrir a nudez que foi revelada quando as pessoas deixaram de confiar em Deus (Gn 3.21). Antes disso, elas não precisavam de roupas. A Bíblia não diz por que isso é assim, mas acredito que foi porque aquelas pessoas brilhavam. Quando olhamos para uma lâmpada acesa, a luz é tão forte que de fato não conseguimos ver a lâmpada. Por causa do brilho, Adão e Eva não sabiam dizer se estavam nus ou não e, portanto, não precisavam de roupas. O pecado nos faz funcionar em voltagem muito baixa agora, mas acredito que brilharemos de novo quando formos aperfeiçoados em Cristo. Às vezes vemos gente que brilha um pouco mais que o normal — alguém que está apaixonado ou alguém que é avô ou avó pela primeira vez. Dizemos que estão "radiantes". Elas deixam transparecer um poder adicional. E, quando estamos ligados em Deus, o mesmo poder transparece, porque o brilho é uma manifestação de energia.

Da mesma forma, tendemos a não tomar conhecimento do fato de que, na época em que Deus deu instruções sobre o sacrifício de animais, não existia nenhuma classe de clérigos ou intelectuais. A função do sistema sacrificial era prover um meio de vida para uma classe de pessoas (sacerdotes) que não cultivavam a terra. Se o sacrifício de animais não tivesse sido instituído, não poderia ter havido nenhum desenvolvimento de linguagem, da Bíblia como a conhecemos, da história judaica, e nunca teria chegado o tempo em que uma pequena cidade de Belém pudesse aparecer e Jesus pudesse vir como um bebê, crescer como um ser humano e exercer o efeito que exerceu sobre este mundo. Assim, o sacrifício de animais foi um modo de Deus encontrar as pessoas onde elas estavam e trabalhar a história humana para concretizar seus propósitos no mundo.

Deus trabalha no cerne da cultura

Quando Deus tirou os israelitas do Egito, eles constituíam a classe socioeconômica mais baixa que se pudesse imaginar. A vida humana praticamente não tinha valor naquela cultura, e o indivíduo não aparecia como algo de que se deve cuidar. É por isso que lemos no Antigo Testamento leis de responsabilidade corporativa. Se um homem incorresse em alguma ação errada, a norma cultural mandava que toda a sua família fosse exterminada e sua casa fosse transformada em um monte de estrume.

A história de Acã em Josué 7 é um exemplo perfeito. O primeiro versículo nos diz que Acã (apenas um homem) "roubou" objetos consagrados a Deus e os levou para casa depois da batalha de Jericó. Com isso, "a ira do Senhor se acendeu contra os israelitas", isto é, a nação inteira. As instruções de Deus para a tomada da cidade de Jericó incluíam o seguinte: "Não levem coisa alguma daquilo que foi separado para a destruição, ou vocês mesmos serão completamente destruídos e trarão e desgraça ao acampamento de Israel" (Js 6.18). Ninguém sabia o que Acã havia feito, mas, quando Josué enviou soldados para a batalha seguinte, na cidade de Ai, o que deveria ter sido uma vitória fácil acabou em derrota. Josué foi falar com o Deus sobre isso, e o Senhor lhe respondeu:

> Levante-se! Por que você está prostrado com o rosto no chão? Israel pecou e quebrou a minha aliança! Roubou alguns dos objetos que eu ordenei que fossem separados para mim. E não apenas os roubou, mas também mentiu a respeito e escondeu esses objetos no meio de seus próprios pertences. Por isso os israelitas foram derrotados e fugiram de seus inimigos. Agora Israel foi separado para a destruição. Não permanecerei mais com vocês, a menos que eliminem do seu meio aquilo que foi separado para a destruição.
>
> Josué 7.10-12

Assim, eles tiraram a sorte e descobriram que Acã se havia apossado de uma capa babilônica, dois quilos e meio de prata e uma barra de ouro e os havia escondido no chão de sua tenda. Como punição, Acã e toda a sua família foram levados para o vale de Acor, onde foram *todos* apedrejados até a morte e depois queimados com seus pertences. Uma vez que lemos isso na Bíblia, automaticamente presumimos que essa foi uma punição imposta por Deus. Mas tratava-se de uma norma cultural daquela época, algo comum em todo o mundo então conhecido. Mais tarde, Deus deixa claro que a responsabilidade corporativa não é uma coisa que ele aprova. Mas ele optou por não interferir repentinamente apenas para mudar as coisas em função do curso do desenvolvimento humano na história, bem como dos indivíduos.

Deus usa a história para permitir que as pessoas se aproximem de uma forma que não venha a consumi-las. Ele cria um lugar para encontrar-se com as pessoas onde elas estão e depois as leva adiante para fazer algo melhor. Nós provavelmente ainda não chegamos lá — portanto, ainda estamos no processo de aprendizagem, desenvolvimento e crescimento, e este é o lado bom do que alguns chamam de progressismo. Mas é preciso que haja também conservadorismo, isto é, o progressismo deve conservar e melhorar o que era bom e já estava estabelecido. Não se trata de simplesmente descartar. É assim que Deus vem desenvolvendo pessoas, tanto individualmente como em grupos, ao longo do tempo. E no fim, "quando chegou o tempo certo" (Gl 4.4), Cristo veio. Muita gente quer saber por que ele não veio assim que os israelitas saíram do Egito ou por que ele simplesmente não veio direto para Abraão. E a resposta é esta: porque Deus está trabalhando por meio de todo o processo da história humana para desenvolver um povo que livremente o escolha, viva para o bem e confie apenas nele.

A Bíblia é perfeita?

No processo de desenvolvimento do povo da aliança, Deus também deu aos judeus um livro que fundamenta sua identidade. Embora o povo tenha mudado, esse livro continua fundamental para a igreja cristã e para os que se identificam como filhos de Abraão pela fé. E, exatamente como ocorre com o povo de Israel, nem todos aceitam o testemunho desses crentes, e o testemunho deles não é perfeito. É óbvio que o testemunho de seres humanos defeituosos não poderia ser perfeito. Mas que dizer da Bíblia em si? Ela é perfeita?

Eu acredito que, quando Deus nos deu as Escrituras em sua forma original, elas eram absolutamente perfeitas. Mas não conheço nenhum estudioso, por mais conservador que seja, que indicaria determinada versão da Bíblia em qualquer língua e dissesse: "Esta é infalível". Acredito que os originais são infalíveis, porque acho que é assim que Deus os fez, mas nem eu nem qualquer pessoa viva vimos os originais, e francamente até me alegra que não os tenhamos visto. Imagine o que aconteceria se algumas pessoas em particular estivessem de posse deles. Que trapaças não aconteceriam!

Como povo, precisamos confessar que nenhum de nós tem esse livro perfeito. Ninguém tem. Por que é assim? É possível que Deus tenha feito o melhor que pôde, mas simplesmente não conseguiu dar prosseguimento ao projeto? Você não acha que isso é algo semelhante à narrativa de *Os caçadores da arca perdida*? Já imaginou o que aconteceria se alguém tivesse o manuscrito original saído da mão de Deus?

O povo de Deus tampouco é perfeito hoje em dia. Mesmo o pastor de sua igreja não é perfeito! E a primeira reação que você tem diante dessa afirmação diz muito sobre nossa situação atual, não é? Note que, quando Deus aborda a humanidade, ele organiza as coisas de tal maneira que os homens e as mulheres têm de buscá-lo. Deixe-me apresentar alguns versículos.

Vamos começar com uma predição do que viria a acontecer com os judeus, esse povo incrível que ainda consegue existir:

> O Senhor os dispersará entre as nações, onde apenas alguns de vocês sobreviverão. Lá, em terra estrangeira, adorarão deuses de madeira e pedra, feitos por mãos humanas, deuses que não podem ver, nem ouvir, nem comer, nem cheirar. De lá, porém, vocês buscarão o Senhor, seu Deus, outra vez. E, se o buscarem de todo o coração e de toda a alma, o encontrarão.
>
> Deuteronômio 4.27-29

Você se lembra da famosa afirmação de Jeremias: "Naqueles dias e naquele tempo, diz o S*enhor*, o povo de Israel voltará com o povo de Judá. Virão chorando e buscando o S*enhor*, seu Deus" (Jr 50.4)? Deus aborda a humanidade de maneira tal que permite que nos escondamos, que não o enxerguemos, mas também que o procuremos (Dt 4.29; Cr 15.15; Jr 29.13-14; Mt 6.33; At 17.27). Recomendo que você pegue sua concordância bíblica e repasse todas as declarações sobre buscar o Senhor.

Lembre-se disto: *ser um cristão nos moldes bíblicos* não é ter a Bíblia em alto conceito. *É buscar, saber, conhecer e viver a vida retratada na Bíblia.* Os judeus da época de Jesus eram pessoas que se orgulhavam de sua visão e conhecimento das Escrituras. Mas Jesus lhes diz:

> Vocês estudam minuciosamente as Escrituras porque creem que elas lhes dão vida eterna. Mas as Escrituras apontam para mim! E, no entanto, vocês se recusam a vir a mim para receber essa vida.
>
> João 5.39-40

Observe as palavras do apóstolo Pedro:

> E lembrem-se de que a paciência de nosso Senhor permite que as pessoas sejam salvas. Foi isso que nosso amado irmão Paulo lhes escreveu, com a sabedoria que lhe foi concedida. Ele trata dessas questões em todas as suas cartas. Alguns de seus comentários são difíceis de entender, e os ignorantes e instáveis distorceram suas cartas, como fazem com outras partes das Escrituras. Como resultado, eles próprios serão destruídos.
>
> 2Pedro 3.15-16

Uma das principais coisas que as pessoas fazem com as Escrituras é distorcê-las. Mas note que isso resulta na própria destruição dessas pessoas. A Bíblia pode matar.

A Bíblia permanece como um testemunho objetivo da palavra de Deus na história, escrito para nós. É um registro confiável da revelação divina, quer você a leia em uma versão como *A Mensagem*, de Eugene Peterson, ou na versão original hebraica ou grega. Você pode distorcê-la e destruir a própria alma. E, se Deus pusesse diante de você a primeira versão perfeita, da qual ele mesmo cuidou para que não houvesse nenhum erro, você ainda poderia suicidar-se com ela. De fato, isso seria bem possível, porque você provavelmente construiria um templo onde pudesse guardá-la em segurança e também a adoraria. É por isso que não temos essa versão perfeita.

As Escrituras são o registro mais bem atestado que temos do mundo antigo. Padrões normais de provas históricas estabelecem a autoria da Bíblia como sendo histórica e cientificamente confiável, de todas as formas possíveis. *Mas isso não lhe trará a salvação.* Quando você apanha as Escrituras e diz: "Além da página sagrada eu busco a ti, Senhor. Meu espírito anseia por ti, ó Palavra viva!",[3] então a mão de Deus se estende e lhe toca a alma, introduzindo-o naquele grande propósito e realidade que é a ação redentora divina na história humana. E quaisquer perguntas que possam surgir acerca da natureza das Escrituras ou do povo de Deus podem ser tratadas honestamente. Você pode ser sincero ao buscar a verdade e ao compartilhar em sua comunidade tais perguntas e respostas. Deus nos trará para a verdade usando nossa razão e, mais que isso, usando a inspiração do Espírito Santo para guiar essa razão.

É possível fazer estudos mais detalhados sobre a confiabilidade das Escrituras, embora seja algo que já foi revisado do começo ao fim e haja muitas boas pesquisas levadas a cabo por especialistas como F. F. Bruce e outros autores que, por serem minuciosos, podem realmente ajudar seus leitores.[4] O que sinto é que na apologética, todavia, as verdadeiras questões não estão nos detalhes. Estão nos grandes pontos: quais são as premissas, quais são as conclusões, de que tratam as questões reais, como ver sentido nisso tudo e o que é que não faz sentido.

Qualquer pessoa que esteja realmente interessada em ver como isso funciona talvez queira examinar a obra *Classical Apologetics* [Apologética clássica], de R. C. Sproul, John Gerstner e Arthur Lindsley.[5] Os capítulos oitavo e nono dessa obra apresentam um argumento extremamente bom e convincente de que, pelos simples padrões de historiografia reconhecidos, pode-se demonstrar que a Bíblia é um registro histórico confiável, inspiração à parte. Se é um registro histórico confiável, isso significa que ele registra o relacionamento real de seres humanos com Deus, entre outras coisas, na realização de milagres e ocorrências do gênero e no testemunho de homens e mulheres a favor das Escrituras como sendo a palavra inspirada de Deus.

É possível que você sinta necessidade de se preocupar com a conexão entre os operadores de milagres e a inspiração. O próprio Jesus fala disso em Mateus 7.21-23. A já mencionada obra *Classical Apologetics* relaciona os operadores de milagres ao testemunho da inspiração, mas eu não penso que *precisamos* estabelecer essa ligação. Acho que podemos simplesmente proceder da seguinte maneira: as Escrituras são um registro confiável, histórico, de eventos nos quais elas próprias são comprovadas como sendo o livro de Deus. Essa não é a lógica circular de quem diz: "Sabemos que a Bíblia é verdadeira porque ela mesma diz isso". Pelo contrário, nós dizemos que a Bíblia é verdadeira porque o cânone padrão da historiografia a autenticou.

A questão da confiabilidade das Escrituras é muito parecida com a da ressurreição, no sentido de que a maioria dos que a *abordam duvidando* mas permanecem simplesmente *fiéis aos detalhes* veem-se crendo, porque os detalhes contêm provas muito convincentes. Se você abordá-la dessa maneira, não ficará preso em um círculo; você dispõe do testemunho de um registro historicamente confiável. Não se trata de algo considerado historicamente confiável unicamente com base nas afirmações que faz sobre si mesmo. Portanto, tal registro historicamente confiável faz, sim, reivindicações sobre si mesmo, mas, sendo historicamente confiável, tais afirmações são, então, igualmente confiáveis e, dado que elas são confiáveis, nós sabemos que são inspiradas. Agora, não acho que esse argumento tenha a pretensão de sustentar-se por si só. Penso que ele deve andar de mãos dadas com o fato de que qualquer um que aborde a Bíblia *com o propósito de encontrar Deus* realmente o encontrará, e Deus falará com ele por meio das Escrituras.

Ninguém será redimido simplesmente por acreditar que a Bíblia é a Palavra inspirada de Deus. Isso por si só não salva ninguém. Poderia certamente ter um bom efeito, mas, por enquanto, nada além disso. É quando a Palavra salvadora do evangelho chega por meio da Bíblia, ou de alguma outra fonte, e desperta a fé no coração que nós permitimos que Cristo entre em nossa vida; então, recebemos nova vida do alto. Assim, tornamo-nos participantes plenos no que se refere ao objetivo de Deus na história humana.

6
O problema do sofrimento e do mal

Quem dera minhas palavras fossem registradas!
Quem dera fossem escritas num monumento,
  entalhadas com um cinzel de ferro e preenchidas com chumbo,
  gravadas para sempre na rocha!
Quanto a mim, sei que meu Redentor vive
  e que um dia, por fim, ele se levantará sobre a terra.
E, depois que meu corpo tiver se decomposto,
  ainda assim, em meu corpo, verei a Deus!
Eu o verei por mim mesmo,
  sim, o verei com meus próprios olhos;
  meu coração muito anseia por esse dia!

Jó 19.23-27

Algumas pessoas consideram a presença do sofrimento no mundo como um golpe particularmente fatal à fé cristã. Isso não deve causar nenhuma surpresa. Ao passar por uma crise de dor física ou de doença psicológica, a maioria de nós tende a pensar no universo como sendo qualquer coisa exceto o reino de um Deus benevolente e poderoso. É mais fácil amaldiçoar o mundo por ser estúpido e insensível para com os inestimáveis e admiráveis seres humanos que acreditamos ser.

Esse argumento "fatal" contra o cristianismo se apresenta desta maneira:

1. Se o cristianismo é verdadeiro, então Deus é benevolente em relação à humanidade, bem como infinitamente poderoso.
2. Se Deus é benevolente em relação à humanidade e infinitamente poderoso, então ele providenciará para que nós não soframos.
3. Deus não providencia para que nós não soframos.
4. Logo, o cristianismo é falso, uma vez que Deus ou não é benevolente ou não é poderoso, o que é comprovado pela presença do sofrimento

Uma avaliação plena das questões envolvidas nesse argumento ocuparia vários volumes escritos em caracteres miúdos. Assim, vou discorrer apenas sobre os pontos-chave necessários para analisarmos o argumento e sermos capazes de responder às questões que ele apresenta.[1]

Um argumento formalmente válido

Permita-me ministrar uma breve aula de filosofia para você e dizer que a primeira coisa que devemos nos perguntar diante de qualquer argumento é se ele é formalmente válido. O argumento anteriormente apresentado é formalmente válido. Com isso quero simplesmente dizer que, da maneira como ele é formulado, se nós concordarmos que as três premissas são verdadeiras, devemos igualmente concordar que a conclusão é verdadeira. Deixar de concordar que a conclusão é verdadeira depois de afirmar as premissas seria uma contradição.[2]

Sendo o argumento formalmente válido, a única maneira possível de negar a conclusão é refutar uma das premissas ou todas elas. Mas devo ressaltar que, até mesmo se o argumento não fosse formalmente válido, nós ainda gostaríamos de chamar a atenção para a falta de verdade nas premissas. Isso não porque estamos tentando sair de uma situação difícil, mas porque as premissas são evidentemente falsas. A segunda premissa é extremamente repreensível, mas vamos analisar essas coisas em ordem, começando da primeira premissa.

Benevolente e poderoso

De acordo com a primeira premissa, o cristianismo afirma que Deus é benevolente em relação à humanidade e que ele é infinitamente poderoso. Poderíamos negar essas duas afirmações? De fato, não teríamos o menor desejo de negar que Deus é benevolente em relação à humanidade, pois isso constitui a própria essência do evangelho cristão. É importante ressaltar que o amor de Deus não é um sentimento, mas uma bem calculada devoção ao bem e ao bem-estar dos objetos desse amor. Temos uma tremenda dificuldade de entender o amor porque o confundimos com o desejo. *O desejo e o amor são duas espécies totalmente diferentes de coisas.* E o desejo não apenas não é amor; muitas vezes ele *se opõe* ao amor. A ação correta é o ato de amor, independentemente dos desejos de quem quer que esteja envolvido.

Na segunda parte dessa afirmação, segundo a qual Deus é infinito em poder, a situação é ligeiramente diversa. Não podemos afirmar isso com absoluta certeza pela razão muito simples de que não podemos afirmar algo que não podemos compreender por inteiro. Em minha opinião, é melhor deixar o conceito de infinitude para os matemáticos, que têm os meios para lidar com o assunto. (Pessoalmente, acredito que Deus é infinito em poder; mas simplesmente não conheço as fórmulas para provar isso.)

Contudo, isso não significa que vamos dizer que Deus *não* é infinito em seu poder. Devemos especificar que Deus é sempre capaz de fazer sua vontade; que ele é suficiente para a tarefa de cuidar do que lhe interessa; e que uma parte do que lhe interessa são os seres humanos. É óbvio que tal raciocínio nos levará imediatamente a um exame da segunda premissa do argumento em discussão: se Deus é benevolente em relação à humanidade e é capaz de fazer sua vontade, então ele providenciará para que não soframos.

Ora, essa é a premissa sobre a qual o argumento se assenta. Se ela for verdadeira, o argumento não é apenas válido, mas será também aceito como sólido por muitos cristãos. Se ela não for verdadeira, então o argumento não é sólido: afirmamos que não aceitamos as premissas e, portanto, não temos de aceitar a conclusão.

Uma boa maneira de lançar um olhar retrospectivo sobre isso é perguntar o que poderia nos levar a acreditar que um Deus benevolente e todo-poderoso não permitiria que os seres humanos sofressem. E, ao perguntar isso, não precisamos ir muito longe para ter uma resposta. Se os indivíduos estivessem convencidos de que o sofrimento, de qualquer tipo, era a pior coisa que lhes poderia acontecer, então eles acreditariam que, logicamente, quem quer que os amasse — que estivesse genuinamente preocupado com o bem-estar deles — e que tivesse o poder de impedir que eles sofressem de fato *impediria* que isso acontecesse. Se não fossem preservados do sofrimento por esse poderoso amigo, eles pensariam que estavam lidando com alguém que não era poderoso ou não era amigo deles, ou as duas coisas.

Observe a base sobre a qual se apoia essa premissa: a ideia de que a pior coisa que pode acontecer com uma pessoa é o sofrimento e que, como Aldous Huxley pôs na boca de um de seus personagens em *Admirável mundo novo*: "Um homem civilizado não tem nenhuma necessidade de suportar coisa alguma que for seriamente desagradável".[3] Ora, aqui está o cerne do argumento. Pode-se seriamente sustentar que o sofrimento não tem nenhuma finalidade boa; que não existe nada preferível ao sofrimento; e que o sofrimento é, de todos os males, o mal supremo? Essas são três perguntas importantes que serão aqui tratadas na ordem inversa.

Distinguindo entre sofrimento e mal

Primeiro, o sofrimento é, dos males, o mal supremo? O sofrimento em si mesmo não é, de modo nenhum, um mal. Simplesmente não gostamos dele. Mas o fato de eu não gostar de repolho cozido não significa que há algo de errado com o repolho. Não gosto da aparência de algumas pessoas e tenho certeza de que elas não gostam da minha, mas isso não significa que haja alguma coisa moralmente errada comigo ou com elas. Da mesma forma, minha aversão pelo sofrimento não indica de modo nenhum que haja nele algo de ruim ou errado. Considerar o sofrimento como mal é apenas um testemunho da cegueira moral de certas pessoas que equiparam aquilo de que elas não gostam com aquilo que é ruim ou errado. Assim, a dor, ou seja, o sofrimento não é em si um mal, muito menos o mal supremo.

Segundo, existem outras coisas que são preferíveis à dor? Sim, existem, e vou lhe dar três bons exemplos. As pessoas preferem viver sofrendo a morrer, mesmo quando não temem a morte propriamente dita — elas simplesmente apreciam a vida em qualquer situação, consideram-na algo mais valioso que evitar o sofrimento. Algumas pessoas aceitariam suportar a carga de todo e qualquer sofrimento em vez de trair certas convicções — políticas, morais, religiosas ou de outra natureza. E, para aquelas pessoas que realmente sabem o que é a amizade, nenhum custo em sofrimento é grande demais para impedir a perda de um amigo. Se soubéssemos como seria a vida totalmente livre de qualquer tipo de dor, provavelmente escolheríamos uma vida de sofrimento, preferindo-a a uma vida sem ele.

O valor do sofrimento

Isso nos leva à terceira e última questão. O sofrimento poderia ter alguma finalidade boa? Sim, com certeza! Em primeiro lugar, ele torna possível a vida humana como a conhecemos.[4] E, por mais estranho que isso possa parecer à luz de tudo o que nos oprime, a maioria das pessoas considera boa esta vida como a conhecemos. Sinto-me inclinado a pensar que Jeremy Bentham estava perfeitamente certo ao afirmar, na abertura de sua obra *Uma introdução aos princípios da moral e da legislação*:

> A natureza colocou o gênero humano sob o domínio de dois senhores poderosos, a dor e o prazer. Somente a eles compete apontar o que devemos fazer, bem como determinar o que na realidade faremos. Ao trono desses dois senhores estão vinculadas, por uma parte, a norma que distingue o que é reto e o que é errado, e, por outra, a cadeia das causas e dos efeitos. Os dois

senhores de que falamos nos governam em tudo o que fazemos, em tudo o que dizemos, em tudo o que pensamos, sendo que qualquer tentativa que façamos para sacudir esse senhorio outra coisa não faz senão demonstrá-lo e confirmá-lo. Por meio de suas palavras, o homem pode pretender abjurar tal domínio, porém na realidade permanecerá sujeito a ele em todos os momentos da sua vida.[5]

O prazer e o sofrimento são, em suma, os polos positivo e negativo entre os quais fluem as correntes da vida humana. Desligue um polo, e a vida humana cessará. As pessoas que pedem um mundo sem sofrimento não sabem o que estão pedindo.

Uma segunda forma pela qual o sofrimento é útil para um bem é a seguinte: é somente no calor da dor e do sofrimento, na esfera mental ou física, que se forja o verdadeiro caráter humano. Não se desenvolve a coragem sem o enfrentamento de um perigo; a paciência, sem provações; a sabedoria, sem perplexidades que atormentam o coração e o cérebro; a resignação, sem o sofrimento; o autocontrole e a honestidade, sem tentações. Essas são as qualidades que mais valorizamos nas pessoas. Pergunte-se se você estaria disposto a privar-se de todas essas virtudes. Se sua resposta for não, então não despreze os meios de obtê-las. O ouro do caráter humano é extraído de árduas minas, mas é muito fácil topar com suas impurezas e lama. E não deveria nos surpreender, nesta nossa época — a era da grande fuga do sofrimento —, que virtudes como essas sobressaiam apenas por se revelarem ausentes.

Não estou dizendo que deveríamos sair em busca do sofrimento para podermos desenvolver um bom caráter. Isso não é necessário, de modo nenhum. Precisamos apenas fazer um esforço honesto e exaustivo para descobrir o que é certo e o que é errado, bom e ruim, e, quando estivermos convencidos desses pontos, então simplesmente teremos de enfrentar a vida pelo que ela vale. Haverá muitas oportunidades para a formação do caráter. Mas você nunca o formará fugindo de situações desagradáveis, assim como não desenvolverá suas faculdades intelectuais fugindo do estudo, nem tornará mais musculoso o abdome evitando o exercício físico.

A refutação do argumento

Como se pode notar, minha rejeição do argumento de que a presença do sofrimento no mundo significa que o cristianismo é falso se baseia na inexatidão da premissa que afirma que, se um Deus benevolente e poderoso controlasse o que acontece neste mundo, ele não permitiria que as pessoas sofressem. A falsidade dessa premissa fica evidente quando entendemos que *Deus permite que as pessoas sofram precisamente por ser benévolo.* É para o nosso maior bem. Pressuponho que Deus deseja poder escrever algum epíteto sobre o episódio da história humana que não seja "E no final todos se divertiram". Sustentar que aquela segunda premissa é verdadeira é pressupor que Deus só pode ser bom se for "um bom companheiro", que corre para satisfazer todos os nossos caprichos e fantasias e para aliviar todos os sofrimentos.

Refletindo cuidadosamente, não sei dizer que tipo de provas se poderiam apresentar em defesa da visão de que os seres humanos merecem um tratamento paradisíaco nas mãos de Deus. Poucas pessoas param para perguntar se elas *merecem* viver no paraíso. *Elas apenas querem isso.* E, quando não obtêm o que querem, sentem-se indignadas. O fato é que as pessoas são as causadoras de grande parte de seu próprio sofrimento, se não de todo ele. Por exemplo, a ciência atualmente tem a seu dispor o conhecimento que permite eliminar muito do grande sofrimento físico que prevalece sobre nosso planeta. Por que então se permite que essa situação persista? Bem, a verdade pura e simples é que a perversidade humana em suas diversas formas, sofisticadas ou não, não vai permitir que o alívio necessário chegue ao seu destino. E, mesmo assim, as pessoas culpam a Deus pelos efeitos de sua própria e obstinada perversão.

Deus é responsável por todo mal?

Essa pergunta nos leva a um ponto muito importante. Ouvi gente tentando lançar sobre Deus toda a responsabilidade pelos atos da humanidade, sob a alegação de que ele criou os seres humanos com a capacidade de praticar o mal, sabendo que exerceriam essa capacidade. Deus é, portanto, segundo dizem, responsável por todo mal que há mundo.

Usar esse princípio para responsabilizar Deus pelo mau procedimento humano seria como responsabilizar os pais pelos erros que seus filhos cometem. Os dois casos são exatamente iguais nesse ponto. Se Deus é responsável pelo mau procedimento dos seres humanos aos quais deu vida, então seu pai e sua mãe são responsáveis por todas as mentiras que você já contou e por tudo de errado que você já fez. Se seu pai e sua mãe tinham a mínima noção das coisas, eles sabiam que você contaria mentiras, cometeria erros em geral e, até sem ter a intenção disso, faria coisas erradas de vez em quando. E, mesmo assim, seus pais tomaram a decisão de trazer você à luz deste mundo, apesar de saberem disso. Portanto, a próxima vez que se sair mal em uma prova, diga simplesmente ao professor que dê a nota "zero" a seus pais, pois foram eles que lhe deram a vida, e com ela a capacidade de ser reprovado em um exame.

É digno de nota que as pessoas que recorrem a esse discurso para tentar responsabilizar Deus por seu comportamento não conseguem descrever detalhadamente que tipo de criatura elas gostariam de ser depois de renunciar à capacidade de realizar desejos pessoais e abandonar a responsabilidade por suas ações. Elas não tomam conhecimento do fato de que, renunciando à *responsabilidade*, também renunciam à *liberdade* e à *capacidade da virtude*. A pessoa que não pode ser censurada também não pode ser louvada. Como afirma o dito popular, essas pessoas deitam fora o bebê juntamente com a água do banho.

Ora, essa é uma maneira bastante tola de falar sobre essa crítica contra Deus, mas as questões que envolvem a presença do mal no mundo precisam ser levadas muito a sério. O mal é o único problema prático mais urgente da fé cristã. Precisamos tomar cuidado para não falar dessas questões *de modo abstrato*, enfocando apenas a onipotência de Deus sem considerar seus propósitos morais; caso contrário, vamos nos pegar discutindo os paradoxos de um Deus que "pode fazer qualquer coisa" e um universo de robôs. Queremos chegar cuidadosamente a um entendimento dessas questões, mediante um forte contato com a realidade e usando o mesmo método empregado na discussão da presença do sofrimento no mundo. Você verá que a argumentação começa, em grande medida, da mesma forma.

Se Deus é bom...

A clássica argumentação que nos vem da antiguidade reza: "Se Deus *pudesse* e *fosse bom*, ele *impediria* a morte desta criança (ou seja lá o que estiver em discussão)". Essa é a única argumentação de peso contra a existência do Deus cristão. Como no caso do sofrimento, muitas pessoas insistem que, se Deus fosse todo-bondoso e todo-poderoso, ele simplesmente não permitiria que ocorressem as coisas ruins que de fato acontecem. Diante desse problema, alguém tende a acalentar o pensamento mais perigoso, isto é, que Deus não é *bom* ou que ele não é *capaz*. Mas, se o mal moral existe, não somos forçados a abandonar uma das duas possibilidades?

Para lidar com isso de modo eficaz, precisamos entender o nível da interação diária de Deus na esfera das atividades humanas. Deus faz tudo? Foi *ele* que passou manteiga no pão que você comeu hoje de manhã, levou seus filhos para a escola, preencheu os cheques para pagar suas contas? Não. É claro que não. Os seres humanos também atuam, e a natureza vai em frente até certo ponto por conta própria. Tudo isso deve ser levado em consideração. Assim, o que precisamos examinar é a pergunta: Deus agiu bem ao criar um mundo no qual existem *livre-arbítrio* e uma *lei natural*, de modo que isso inclui a possibilidade de um *reino de Deus* bem como *a possiblidade do mal*?

Podemos concordar que muitas coisas não deveriam existir sem sustentar que a estrutura geral que permite sua existência foi um erro divino? Isso nos remete à discussão sobre o propósito de Deus no âmbito da história humana, que é o de criar para si mesmo uma residência viva, uma comunidade de seres livres, conscientes, vivos. Deus poderia ter feito isso de uma forma melhor?

O mundo que abriga a possibilidade do mal é o mesmo que abriga a maior possibilidade do bem. E a pergunta sobre por que Deus permite que isso aconteça deve ser contrastada com a pergunta de como seria um mundo em que o mal não pudesse acontecer. É refletindo sobre essas perguntas que as pessoas podem chegar a alguma conclusão sobre a realidade do mal e sobre o que ele significa.

"Em um mundo perfeito"

Vamos analisar outra crítica sobre como Deus criou a humanidade e o mundo. Como respondemos à proposição de que Deus é culpado não por um ato de comissão, mas por um ato de omissão — não por criar a humanidade de uma forma que permita aos seres humanos a prática do mal, mas por não criar a humanidade integralmente boa e por não colocá-la em um ambiente integralmente bom, onde nenhum mal pudesse ser praticado?

Quando as pessoas difamam Deus por ter deixado de criar um mundo integralmente bom habitado por indivíduos integralmente bons, temo que elas não estejam de todo preocupadas com a excelência moral. Muitas vezes, só querem dizer que Deus deveria ter criado um mundo no qual *elas* sempre pudessem ter o que quisessem, um mundo habitado por gente do tipo de que *elas* gostam. Receio que todas as queixas que ouvimos sobre como o mundo funciona são sempre as mesmas variações de um tema tão delicadamente explicado no *Rubaiyat*, de Omar Khayyám:

> Meu Amor! Se pudéssemos você e eu com Ele conspirar
> Para entender todo esse lamentável Esquema de Coisas,
> Não o tornaríamos em migalhas — para então
> Remoldá-lo mais de acordo com o Desejo do Coração?[6]

Nós, seres humanos, nunca temos o que queremos, e, claro, o queremos com enorme ardor! Desejamos tão avidamente a ponto de nem mesmo hesitar em concluir que Deus deveria ter projetado este mundo considerando nossas necessidades específicas.

Por que Deus não faz as coisas do meu jeito?

As pessoas que concluem que Deus deveria ter criado um mundo integralmente bom ocupado por pessoas integralmente boas precisam parar para considerar três coisas. Em primeiro lugar, não temos provas de que o mundo "bom" que estamos acusando Deus de não ter criado seria mais satisfatório do que este em que vivemos. Pode muito bem tratar-se apenas de mais um caso de a grama do outro lado da cerca ser mais verde. E o fato de muita gente acreditar que esta vida é boa sugere que, em vez de haver algo de errado com este mundo, o verdadeiro problema reside no interior das pessoas que têm pressa demais para fugir dele.

Segundo, por que Deus deveria sentir-se mais obrigado a satisfazer o gosto dos que condenam este mundo e fornecer-lhes um mundo do gosto deles do que a satisfazer o gosto de muitíssima gente que de fato acha boa a vida como ela é? Se Deus quisesse satisfazer todo mundo, ele simplesmente teria de criar mundos separados e distintos, cada um contendo uma única pessoa. Mas ninguém gostaria disso, porque todo mundo ficaria só.

Terceiro, a proposição de que Deus está obrigado a satisfazer um gosto pessoal está longe de ser evidente. Quem argumenta que Deus tem a obrigação de criar este ou aquele tipo de mundo está, na verdade, dizendo apenas isto: "Deus deve fazer o que eu quero que ele faça; caso contrário, ele se mostrará um menino muito, muito mau. Vou pegar minha bola e vou para casa".

Não existe "bem" sem "mal"

Se Deus houvesse criado um ambiente integralmente "bom" e colocado nele pessoas integralmente "boas", essas pessoas não poderiam referir-se a si mesmas como sendo *boas*, nem a seu mundo como sendo *bom*, nem a seus atos como *certos*, ou a sua vida como *agradável*. Esses são conceitos correlativos que perdem seu significado na ausência de seus opostos. Um mundo assim não seria bom para as pessoas que nele estivessem, e elas mesmas não seriam boas. Ou, para ser mais correto, não teria sentido *dizer* que elas eram boas, uma vez que o conceito de "bom" só é aplicável em um mundo no qual o bom tem de conviver com o mal. Em um mundo isento de opostos, não haveria absolutamente nenhuma vida moral e, consequentemente, nenhum ser *humano* como entendemos ser a humanidade. Pedir para viver em um mundo desse tipo, portanto, equivale a pedir para não ser humano.

A formação do caráter

Se você pensar profundamente sobre isso, entenderá o grande valor de um ambiente que proporciona aos seres humanos a escolha e a possibilidade de formar um bom ou um mau caráter. Quando pedimos a nossos filhos que "façam boas escolhas", esperamos simplesmente que eles consigam evitar problemas naquele dia, ou que as "boas escolhas" se tornem hábitos? Ou, ainda, que os filhos, crescendo, se transformem em pessoas que naturalmente fazem o que é certo? *Um mundo que permite a formação de um caráter moral*, um caráter que possibilita que as pessoas se transformem em seres imensuravelmente preciosos — e até gloriosos, como às vezes acontece —, *tem um valor muito maior do que qualquer mundo em que isso não ocorra.*

Ao constatarmos alguma coisa muito terrível, como um ataque terrorista, talvez nos sintamos inclinados a dizer que estaríamos muito melhor em um mundo que contasse apenas com seres vegetais ou minerais. Mas, se pensarmos um pouco sobre isso, perceberemos que, se assim fosse, quase tudo o que tem valor em nossa vida desapareceria. Não haveria nenhum mal, mas também não haveria nenhum bem. É por causa do grande valor do bem na vida humana que um mundo que permite o mal, mas que também é responsável pelo bem, é muito mais valioso e desejável (mesmo com o sofrimento) do que um mundo que contasse apenas com minerais e vegetais, ou com absolutamente nada.

Se a personalidade e o caráter não fossem considerados valores muito grandes, seria claramente condenável da parte de Deus permitir o sofrimento real e a prática do erro que nos permite alcançar esses valores. *Mas a formação da personalidade é possível apenas em um mundo de genuína liberdade.* Se você aplicar isso à tarefa da criação de filhos, e sugerir que talvez fosse melhor se nós pudéssemos impedir que eles fizessem qualquer coisa prejudicial, perceberá que, fazendo isso, vai destruir a vida deles. *Eles* precisam escolher, *eles* precisam aprender e *eles* precisam crescer.

Para estimular a perfeição moral, crimes morais hediondos devem ser permitidos por Deus, embora ele mesmo nunca os aprove, nunca os cometa nem os exija. Estimular a perfeição moral (em um mundo adequado) e não permitir a prática do erro é impossível. Se os filhos nunca têm a permissão de praticar o erro, nunca se tornarão capazes de desenvolver uma natureza ou caráter que resolutamente escolha o bem. *Pessoas boas precisam viver em um mundo onde praticar o mal seja uma opção facilmente disponível.* Formar pessoas de caráter sem lhes oferecer escolhas é impossível, uma vez que a capacidade de escolher faz parte do caráter.

O caráter de um indivíduo se forma por meio da *ação*, modificada e refletida em relação às suas consequências e repetida no decorrer do tempo. O *contexto* dessa ação para o aprendiz ou a criança implica um caráter que é predefinido por seu ambiente e costumes sociais. Esse caráter cultural também se desenvolve e evolui, mas *apenas* através de processos históricos. Assim, podemos observar como a personalidade humana se apoia em gerações passadas para determinar seu caráter inicial. Esse é o ponto de partida cultural e genético de cada pessoa. Sua formação também é histórica no sentido *mais amplo*, no âmbito do qual falamos do *mundo* e da história *humana*.

A importância da ordem

Alguns podem perguntar se era possível para Deus ter criado o mundo com *menos* mal. Se ele simplesmente houvesse impedido a atuação de Hitler, isso teria feito este mundo melhor? A imagem aqui é aquela que mostra Deus sentado lá no alto, segurando um enorme mata-moscas, e sempre que ele vê algo errado prestes a acontecer, com um golpe o elimina. Mas a consequência disso é um mundo no qual não há ordem nem lei. Não se pode contar com o que vai acontecer, pois não se sabe quando Deus vai intervir e eliminar o que quer seja.

A natureza da ação e da interação humanas exige a soberania da lei ou da regularidade. Essa ordem previsível possibilita que se estabeleçam objetivos, que se planeje a realização deles, que se aprenda com os próprios erros e, acima de tudo, que se interaja com outras pessoas para formar uma comunidade. Não se pode formar apropriadamente sequer uma família (talvez especialmente uma família) sem uma estrutura de expectativas e regras estabelecidas e de conhecimento comum. Requer-se o envolvimento consciente da personalidade individual com seus entornos. Mas, se não podemos depender de respostas consistentes a nossas ações, torna-se impossível aprender quais ações são apropriadas. Como você se sentiria se pisasse no acelerador e o carro parasse de súbito, queimando os pneus? Ou se jogasse água sobre uma fogueira e as chamas explodissem, como se você tivesse despejado gasolina sobre elas? Como sabe o que deve fazer para obter o resultado desejado em cada situação? Você ficaria paralisado de medo se as consequências de cada ação possível fossem desconhecidas.

Um mundo com leis naturais, costumes sociais e uma sequência regular de atividades, no qual exista a capacidade de "fazer escolhas boas" ou não, com pleno conhecimento das consequências, é o único ambiente que proporcionará aos seres humanos a oportunidade de desenvolver uma personalidade e um caráter próprios, seja para sua glória, seja para sua perdição. Se a intenção é ter agentes morais em uma comunidade, é preciso haver algo muito semelhante ao nosso mundo.

Dilema desfeito

Assim, a presença do mal no mundo não significa que Deus está desprovido de bondade ou poder. O clássico dilema é desfeito quando se coloca o mal no contexto do bem que Deus consegue alcançar ao permitir o mal moral (sem praticá-lo). Essa conclusão nos permite ver o sofrimento dos indivíduos (de nós mesmos ou de outros) em uma realidade mais ampla, de um Deus grande e bom, que dispõe de toda a eternidade e de todos os recursos que ultrapassam nossa mais fantástica imaginação para garantir que a vida de toda e qualquer pessoa em condição de sofrimento seja basicamente uma vida recebida com infinita gratidão.

As respostas cristãs

Como vamos, então, responder às objeções de que o criador e mantenedor de um mundo no qual há guerras, deformidades, suicídios, depressões, terremotos, carestias, pestes e cânceres seja um Deus *bom*, capaz de ajudar os que confiam nele e os que dependem de seu cuidado?

Primeiro, concordamos que muitas coisas que acontecem, *quando consideradas por si sós*, não são boas. Aliás, são trágicas. Nunca podemos negar isso. É importante não dar uma resposta arrogante ou simplista a quem sofreu. É preciso aceitar a realidade plena do sofrimento sem tentar dar explicações inócuas. Permita que a pessoa que sofreu lhe conte sua história; preste verdadeira atenção a ela. Onde estava Deus? Deus está sempre onde o sofrimento está. Os que se voltam para ele enquanto sofrem o encontrarão.

Imagine-se conversando com alguém cujo ente querido estava no último andar do World Trade Center quando o prédio implodiu. Você nunca poderia recorrer a uma explicação inócua para diminuir o sofrimento sentido por seu interlocutor. Mas poderia dizer que existe algo além do sofrimento. Aqueles que se voltam para Deus e recorrem a ele podem ter certeza de que o bem triunfará na vida deles.

Segundo, nós concordamos que Deus não é o agente por trás dessas maldades. Deus não *pratica* o mal. Ele sabe muito bem o que acontecerá se o fizer. É pela mesma razão que não enfio uma caneta no olho. É porque sei bem o que aconteceria se agisse assim.

Deus projetou um mundo onde cada um tem liberdade para escolher as próprias ações. É assim desde o princípio, com Adão e Eva, que se viram diante de um inimigo que se aproveitou dessa condição de liberdade. Em maior escala, todos nós conhecemos isso.

O livro de Jó é importante neste ponto. Ele nos ajuda a entender que estamos travando uma batalha. Depois de ler

Jó, você poderia pensar que seria uma boa ideia não chamar a atenção do diabo sobre si mesmo sendo bom demais, mas, mesmo assim, a provação há de vir. Deus não tortura ninguém nem envia o sofrimento para seu povo. Às vezes, ele permite que as pessoas provem o sofrimento por terem se afastado dele, mas o sofrimento não ocorre sempre por essa razão. Ele ocorre porque há um inimigo que deseja que duvidemos de Deus. No quadro mais amplo, esse é o significado do livro de Jó. Em meio a todo sofrimento e perdas, Jó diz: "Ainda que Deus me mate, ele é minha única esperança" (13.15). A esperança que você deposita em Deus é o que interessa.

Ora, sejam quais forem as dificuldades — e às vezes elas são difíceis de suportar —, nós não queremos duvidar de Deus. Queremos nos agarrar a ele. Se pensamos: "Deus está me testando", tendemos a não nos concentrar nele. Quero lhe assegurar que Deus não precisa testá-lo para descobrir quem é você. Eu preciso testar meus alunos para descobrir o que eles sabem, mas Deus não tem esse problema. Ele já sabe. Portanto, entenda que o teste virá, mas não é obra de Deus testar por meio do sofrimento. Ele sabe quem somos e sabe o que podemos suportar. Quando a tribulação se apresenta, o que importa é entender que Deus se opõe a ela.

Terceiro, ressaltamos que a criação de um mundo controlado por uma ordem genérica que possibilita o sofrimento e o mal é boa, indo além de qualquer comparação que nos seja possível. E se trata do maior bem concebível, que proporciona aos seres humanos a oportunidade de transformar-se em criaturas do mais alto valor. C. S. Lewis escreveu:

> É muito sério viver numa sociedade constituída por possíveis deuses e deusas, lembrar que a mais desinteressante e estúpida das pessoas com quem falamos pode, um dia, vir a ser alguém que, se a víssemos agora, nos sentiríamos fortemente impelidos a adorar; ou (quem sabe?) a personificação do horror e da corrupção só vistos em pesadelos. Passamos o dia inteiro

ajudando-nos uns aos outros a, de certo modo, encontrar um desses dois destinos. [...] Não existe gente comum. Você nunca falou com um simples mortal. As nações, as culturas, as artes, as civilizações — essas são mortais, e a vida delas está para a nossa como a vida de um mosquito. Mas é com criaturas imortais que brincamos, trabalhamos ou casamos, e a elas que desdenhamos, censuramos ou exploramos — horrores imortais ou esplendores perenes. [...] Depois da santa ceia, o nosso próximo é o objeto mais santo que se apresenta aos nossos sentidos.[7]

Quarto, nós sustentamos que "a terra não apresenta nenhuma mágoa que o céu não possa curar".[8] A batalha ainda não terminou, e Deus *vai* vencer. Isolar uma única mágoa como um mal perene é questionar a visão cristã acerca de Deus e duvidar de nosso eterno destino no grande universo divino. Romanos 8.28 nos diz: "E sabemos que Deus faz todas as coisas cooperarem para o bem daqueles que o amam e que são chamados de acordo com seu propósito". Se entregamos nossa vida a Deus, ele a restaurará aqui na terra, como prometeu por meio do profeta Joel (2.25-27):

> Eu lhes devolverei o que perderam por causa
>   dos gafanhotos migradores, dos saltadores,
> dos destruidores e dos cortadores;
>   enviei esse grande exército devastador contra vocês.
> Vocês voltarão a ter alimento até se saciar
>   e louvarão o Senhor, seu Deus,
> que realiza esses milagres em seu favor;
>   nunca mais meu povo será envergonhado.
> Então vocês saberão que estou no meio de Israel,
>   que sou o Senhor, seu Deus, e não há nenhum outro;
>   nunca mais meu povo será envergonhado.

Deus também redimirá cada aspecto de nossa vida futura. A afirmação de que o sofrimento presente ultrapassa a possibilidade de redenção só pode ser verdadeira se nós tivermos certeza de que o Deus cristão não existe. Nós nos apegamos à promessa feita em Apocalipse 21.3-4:

> Ouvi uma forte voz que vinha do trono e dizia: "Vejam, o tabernáculo de Deus está no meio de seu povo! Deus habitará com eles, e eles serão seu povo. O próprio Deus estará com eles. Ele lhes enxugará dos olhos toda lágrima, e não haverá mais morte, nem tristeza, nem choro, nem dor. Todas essas coisas passaram para sempre".

A fé cristã está comprometida com uma concepção de Deus e do mundo que torna todos os eventos passíveis de redenção final — e, portanto, permissíveis — por um Deus que ao mesmo tempo está disposto e é capaz de dar existência a uma criação que não pode ser melhorada. Essa fé não afirma que cada evento é bom em si mesmo. Coisas ruins, até perversidades morais hediondas, realmente acontecem. Mas, na visão de Jesus Cristo transmitida a seu povo, todos os seres humanos (e, sim, até os pássaros e os lírios do campo) são eficazmente cuidados. Todas as pessoas são convidadas a dizer, imbuídas de fé e obediência: "O Senhor é meu pastor, e nada me faltará" (Sl 23.1).

Se tudo o que um indivíduo tem se resumir a esta vida, então está claro que o mal, o sofrimento e a frustração não estão redimidos. Mas, se isso for observado no contexto do mundo de Deus como um todo, visto apenas como uma parte da vida que nunca termina e que se torna infinitamente cada vez mais gloriosa, não existe um mal capaz de afetar os indivíduos e impedi-los de descobrir que a vida é boa e que Deus é bom. Cabe a eles a perspectiva do apóstolo Paulo, que descreve assim a grande aflição em 2Coríntios 4.17-18:

> Pois estas aflições pequenas e momentâneas que agora enfrentamos produzem para nós uma glória que pesa mais que todas as angústias e durará para sempre. Portanto, não olhamos para aquilo que agora podemos ver; em vez disso, fixamos o olhar

naquilo que não se pode ver. Pois as coisas que agora vemos logo passarão, mas as que não podemos ver durarão para sempre.

Temos nesta vida uma pequena degustação daquilo que virá. Quando nos deslocamos para o futuro (e o futuro é bom), o passado, que era insuportável quando passamos por ele, assume uma qualidade diferente porque é parte do todo. A grandeza e a bondade de Deus são o que de fato importa. Até David Hume, famoso por seu ceticismo, disse: "Se seu Deus é grande o suficiente, não existe nenhum problema do mal" (paráfrase minha).[9] Aí está a chave. Jesus afirma isso em nossa vida, e nós podemos seguir em frente a partir desse ponto e provar a bondade de Deus ao enfrentarmos cada novo dia.

A criança que morre de fome é imediatamente introduzida na plenitude do mundo de Deus, onde encontra uma existência boa e perspectivas incompreensivelmente maravilhosas. Nessa nova realidade, Deus passa a ser visto de um modo como antes certamente não era — ou seja, como alguém infinitamente bom e grandioso —, e cada indivíduo que tem acesso à sua presença desfruta a eterna suficiência de sua bondade e grandeza. Não há tragédia alguma para aqueles que confiam nesse Deus.

A responsabilidade humana

Minha ponderada opinião é que não existe nenhuma alternativa desejável para uma vida que inclui certa carga de dor, luta, decepção e sofrimento para os seres humanos. Mas não estou tentando repetir as palavras do bom Pangloss, personagem de Voltaire na obra *Cândido* (1759): "Tudo colabora para o melhor no melhor dos mundos possíveis". Longe disso! Todavia, estou disposto a dizer que este poderia ser o melhor dos mundos possíveis para a vida humana, se pudéssemos eliminar a perversão e a estupidez características da humanidade.

Nós, seres humanos, temos um longo caminho a percorrer. Mas nada de bom resultará de culparmos a Deus por nossos males ou de ficarmos de braços cruzados por aí esperando que ele faça o que nós, com a devida sagacidade e ambição, deveríamos realizar em nosso próprio benefício. Deus pôs à nossa disposição capacidades e meios naturais com os quais podemos tornar este mundo um lugar decente e agradável para a vida humana. Essa é precisamente a razão pela qual ele nos considerará responsáveis pelo fracasso nessa tarefa. E todos aqueles que acusam a Deus pelo mal deste mundo se expõem à acusação de falsidade, a menos que estejam fazendo tudo o que estiver ao seu alcance para banir o mal deste mundo.

Se, por exemplo, as pessoas gastam insensatamente seus recursos econômicos, elas apenas comprovam sua hipocrisia quando culpam a Deus por permitir que seres humanos passem fome. E, contrariando grande parte da opinião corrente, não é preciso professar nenhuma religião para ser hipócrita. Se aqueles que censuram a Deus pelo sofrimento e pelo mal deste mundo são sinceros, por que não começam onde estão (pois é desnecessário procurar o sofrimento e o mal) e fazem alguma coisa em relação a isso? É óbvio que alguns fazem. Ainda bem que *alguns* fazem.

O outro problema do mal

Isso nos leva ao "outro" problema do mal: como nos livrar dele. Se estou sinceramente preocupado com o mal moral no mundo, eu deveria no mínimo preocupar-me com a minha responsabilidade tanto quanto com a responsabilidade divina. Cessando pessoalmente a prática do mal, posso causar um impacto significativo no mal moral do mundo em que vivo. Confiando na bondade e na grandeza de Deus, posso desprender-me da corrente que me arrasta para o mal moral — a corrente do endeusamento pessoal, que me coloca na posição de ser eu o único em quem confio para cuidar de mim. Quase toda prática do mal ocorre disfarçada de "necessidade". Eu não mentiria, não trapacearia, não roubaria nem prejudicaria os outros se isso não fosse necessário para garantir *meus* objetivos — que, naturalmente, *eu* preciso alcançar.

Uma forma básica de mal é o desejo de prejudicar alguém, quer esse desejo provenha de alguém que pratique *bullying* no pátio da escola, quer provenha de um líder nacional como Hitler ou Mussolini. Sua causa fundamental é o ódio. O ódio nasce da frustração de desejos pessoais. A base de toda essa discussão é o fato fundamental de que as pessoas querem coisas que não conseguem ter e, assim, elas passam a odiar os outros e se predispõem a ofendê-los.

No Sermão do Monte, Jesus começa a discorrer sobre a vida mostrando um quadro do reino de Deus e a vida abençoada que nele existe. Em seguida, Jesus se volta para a rua e começa a procurar a origem do mal na vida das pessoas. A primeira coisa que ele aponta é o ódio e o desprezo (Mt 5.21-26).[10] Se fosse possível eliminar deste mundo o ódio e o desprezo, não teria havido o atentado contra as Torres Gêmeas, nem o Holocausto, nem a Inquisição. Sem ódio e desprezo, simplesmente não há motivação para ofender as pessoas.

É importante lembrar isso quando examinamos o mal que há no mundo e perguntamos: "O que estou fazendo a respeito desse assunto?". Cada um de nós tem de começar a partir de si mesmo e de sua esfera de influência. Precisamos ajudar outros a enfrentar o espaço ocupado pelo ódio e pelo desejo em sua vida. O ódio resulta do ato de contrariar a vontade de alguém, de interferir nos desejos alheios. O caminho geral para mudar isso, para livrar-se do ódio e do desprezo e manter o desejo sob controle,[11] consiste em submeter nossa vontade a Deus. Isto é, temos de pôr nosso futuro, nosso presente e tudo o que faz parte de nossa vida sob os cuidados de Deus. Essa é a resposta ao problema do mal. Mesmo para aqueles que precisam passar por um câncer, pela perda de entes queridos, pela guerra, por qualquer problema que venha a surgir, a resposta é a submissão à vontade de Deus.

Se eu confio em Deus, posso transferir a ele a realização dos meus objetivos. Posso deixar de fazer o que eu e todo mundo sabemos que é errado, e posso calmamente deixar de cooperar para o comportamento imoral que ocorre ao meu redor. Também posso me posicionar contra os males do meu mundo sem me preocupar com o que me acontecerá se agir assim. Não precisamos tentar ser perfeitos. Podemos nos concentrar em simplesmente praticar o bem ainda mais. Essa é a maneira mais garantida de melhorar enormemente o mundo em que vivemos.

Jesus como nosso modelo

A melhor maneira de assumir essa posição contra o mal é simplesmente deixar que Jesus Cristo nos guie e ajude. Nele podemos encontrar o molde ou a imagem em que devemos ser recriados. Toda a mensagem cristã pode resumir-se como um chamado a tomarmos a forma dessa imagem (Rm 8.29). A razão de Cristo ser imprescindível na vida de homens e mulheres consiste simplesmente nisto: ele é o que eles deveriam ser. Cristo é a única corporificação de todos aqueles traços de caráter que chamamos virtudes. E, além do mais, ele ainda significa isto: a exemplificação da comunhão direta, viva com Deus. *O cristianismo entendido como a disciplina de Cristo é o verdadeiro humanismo.* Cristo é a imagem humana e, sendo isso, é também a imagem explícita da personalidade de Deus. Pode-se ainda dizer de maneira inversa: por ser a imagem explícita da personalidade de Deus, Cristo é a imagem humana. As características extraordinárias dessa imagem, ao mesmo tempo humana e divina, são apresentadas por Paulo em sua carta aos gálatas como sendo "amor, alegria, paz, paciência, amabilidade, bondade, fidelidade, mansidão e domínio próprio" (Gl 5.22-23).

A entrega do comando de nossa vida a Cristo significa, entre outras coisas, reconhecê-lo como o ideal da vida humana, como aquele que corporifica todas as virtudes e bondades que você e eu deveríamos corporificar. Mas reconhecê-lo desse modo é também identificá-lo como aquele que é exclusivamente o Filho de Deus, pois, acima de tudo, ele exemplifica a identidade com Deus que constitui a semelhança familial responsável por conectar todos os filhos do Pai.

A diferença entre Cristo e outros da família de Deus está no fato de que ele nunca opõe sua vontade à vontade do Pai. Os outros fazem isso e, agindo assim, perdem a semelhança familial e cedem espaço para o mal. Todos nós *podemos* fazer o que é certo, mas, na maioria das vezes, não queremos isso. Decididamente, preferiríamos fazer o que é fácil e agradável. Preferiríamos, em suma, fazer o que *nós* queremos a fazer o que Deus quer ou o que a lei moral ordena. Ir contra a vontade do Pai é rejeitar sua soberania e abandonar sua família. Mas quem quer que faça isso pode entrar de novo na família divina, colocando-se à disposição de Deus mediante o simples pedido para que ele restaure a *imago Dei*, a imagem divina, que eles apagaram em si mesmos por sua obstinada teimosia e orgulho.

O cão de caça do céu

Tudo isso que tentei dizer aqui não poderia ser mais bem resumido do que citando uma passagem dos escritos de Francis Thompson, poeta inglês de mais de um século atrás que teve uma vida de enfermidades e sofrimento pessoal. Esta citação, retirada do final de seu poema intitulado "The Hound of Heaven" [O cão de caça do céu],[12] está na forma de um diálogo entre Deus e o poeta, que por toda a vida se viu perseguido pelo primeiro. Deus diz:

> E o amor humano requer mérito humano:
> Tu mereceste isso, tu —
> O mais sujo de todos os grumos de argila?
> Infelizmente, tu não sabes
> Como és pouco digno de qualquer amor!

> Quem encontrarás capaz de amar teu ignóbil ser,
> A não ser Eu, a não ser somente Eu?
> Tudo o que tirei de ti Eu só tirei,
> Não para te prejudicar,
> Mas apenas para que o pudesses achar em Meus braços.
> Tudo aquilo que teu erro infantil
> Imagina perdido, Eu o guardei para ti lá em casa:
> Levanta-te, segura a Minha mão, e vem!

Depois, referindo-se aos pés que o seguiram pela vida afora, o poeta diz:

> Para, junto a mim, aquela pegada:
> Será a minha tristeza, no fim das contas,
> A sombra de Sua mão, acariciadoramente estendida?

Deus responde:

> Ah, mais loucamente apaixonado, mais cego, mais fraco ser,
> Eu sou Aquele que tu procuras!
> Tu, que Me afastaste, afastaste o amor de ti.

Nesta vida não há espaço nem utilidade para o desânimo, muito menos para a amargura, se apenas olharmos com discernimento para nós mesmos e depositarmos nossa esperança no amor de Deus, manifestado na pessoa de Cristo para que todo mundo o compartilhe.

7
Vivendo e agindo com Deus

O S<small>ENHOR</small> é meu pastor,
 e nada me faltará.
Ele me faz repousar em verdes pastos
 e me leva para junto de riachos tranquilos.
Renova minhas forças
 e me guia pelos caminhos da justiça;
 assim, ele honra o seu nome.
Mesmo quando eu andar
 pelo escuro vale da morte,
não terei medo,
 pois tu estás ao meu lado.
Tua vara e teu cajado
 me protegem.
Preparas um banquete para mim
 na presença de meus inimigos.
Unges minha cabeça com óleo;
 meu cálice transborda.
Certamente a bondade e o amor me seguirão
 todos os dias de minha vida,
 e viverei na casa do S<small>ENHOR</small> para sempre.

S<small>ALMOS</small> 23

A suprema apologética é a vida do indivíduo que vive dos recursos do reino de Deus. Ter um belo conjunto de ideias e argumentos abstratos pode ser muito importante, mas nós precisamos ser gente que de fato atua no reino dos céus por meio de orações e palavras. Vivemos um relacionamento pessoal com Deus, e precisamos discutir o que isso significa.

Há três pontos a tratar. Um tem a ver com a natureza da realidade. A realidade é pessoal? Essa é a questão cultural. Você alguma vez, deitado na cama à noite, se questionou sobre esta pequena bola de terra que gira no espaço infinito? Você às vezes pode sentir-se fortemente intimidado ao contemplar a realidade física. Pode sofrer graves consequências se não entender que essa realidade implica, racional e logicamente, a existência de um ser pessoal infinito que a criou e a mantém coesa.

Ora, isso é crucial para a nossa fé, mas muita gente procura compartilhar sua fé partindo diretamente para um tópico como a ressurreição de Cristo. Porém, quem já se comprometeu com a ideia de algo vindo do nada e com a ideia da ordem vinda do caos nem mesmo pensará duas vezes sobre a ideia de alguém que voltou dentre os mortos. Isso será apenas mais uma coisa estranha em um universo estranho.

Tenho amigos e conhecidos que se dedicaram a visitar sistematicamente os *campi* universitários para travar debates com cristãos de organizações tais como a Campus Crusade e a InterVarsity. Eu já os ouvi dizer: "Seria muito estranho, mas se eu estivesse lá presente e visse Jesus Cristo saindo do túmulo, voltando à vida e caminhando a esmo, isso não implicaria a existência de um Deus". Você precisa se lembrar de que, em um universo que já não esteja claramente nas mãos de Deus, não há um contexto que permita interpretar esses eventos. Jesus disse: "Creiam em Deus; creiam também em mim" (Jo 14.1). Há uma ordem de eventos nessa recomendação.

É a existência do "Grande Eu Sou" que é comprovada pela natureza. É o processo redentor da história que alicerça a vinda futura de Jesus. Por que não veio Jesus em vez de Caim? Caim foi o primeiro a nascer, e, afinal de contas, Deus disse que o descendente de Eva feriria a cabeça da serpente (Gn 3.15). Então, por que Jesus não nasceu imediatamente? É necessário entender que Deus é uma pessoa, e ele aborda os indivíduos "redentoramente" como pessoa. Se não compreender isso, você não poderá discutir os outros pontos, especialmente aqueles dos quais vou falar a seguir.

Lembre-se de que temos de seguir um processo ordenado e estabelecer princípios básicos apropriados à medida que avançamos na apologética. Assim, *depois* de falar da história redentora que envolve um povo da aliança e um livro, se tivermos tempo, falamos de uma encarnação e, *em seguida*, de uma ressurreição.

Depois de tudo isso, chegamos ao nosso segundo ponto e ao âmago do nosso tema. Quando as pessoas perguntam: "Por que você está esperançoso em meio aos acontecimentos deste mundo, com todo o sofrimento e a maldade que acontecem e tudo o que está se passando com você?", elas não querem apenas ouvir conversas sobre um grande Deus. Não querem apenas ouvir falar da história da redenção, de um livro infalível, ou de um povo da aliança que é um constante testemunho da verdadeira mão de Deus interferindo na história. Elas querem saber o que está acontecendo com *você*, o que está acontecendo em *sua* vida. Você diz: "Ele é minha fortaleza, meu libertador". Então, elas vão querer saber quando foi a última vez que ele o libertou. O que significa libertação? Como é que ela funciona de fato? Muitas vezes, compartilhar as boas-novas tem a ver com dividir boas notícias pessoais acerca de sua vida em Cristo, e não boas notícias abstratas e generalizadas. As pessoas querem ouvir falar do relacionamento pessoal que você tem com esse Deus pessoal, o qual fundamenta toda a realidade.

Quando entramos no campo da apologética e ultrapassamos o primeiro nível, além da questão da existência e da natureza básica de Deus, nosso trabalho consiste menos em provar (embora isso ainda continue sendo absolutamente crucial em determinados pontos) e mais em dar um sentido aos elementos da fé cristã. Nós temos de ser prova viva da realidade da vida tal qual a concebemos. A Palavra veio em épocas passadas para pessoas que a receberam como parte real de sua vida e também de seu espírito. A história redentora, as Escrituras e a vida de Jesus na terra foram fatos que envolveram pessoas reais.

Isso nos conduz ao nosso terceiro ponto: toda aquela comunicação com Deus terminou quando a Bíblia foi concluída? *Isso* é um relacionamento pessoal? Algumas pessoas falam como se o relacionamento delas com Deus fosse simplesmente a questão de um contrato de crédito feito sob medida para elas, de modo que, quando elas morrerem, todas as suas dívidas serão canceladas. *Isso* é um relacionamento pessoal?

Tudo o que vemos na Bíblia está lá para nos ensinar o que é real e acontece entre nós no dia de hoje. Quando lemos sobre

Deus invadindo a história na biografia de diversos indivíduos, estamos lidando com uma realidade que ainda continua — do contrário, nada restará que se possa chamar de relacionamento pessoal com Deus. Se o cristianismo se restringir apenas à obtenção da crença certa e à ida para o céu após a morte, qual é o papel da existência humana daqui em diante? Sim, é certo pregar o evangelho e convidar outras pessoas a receber a graça de Deus na salvação, mas é só disso que se trata? Ou será que devemos viver *agora* em comunhão com Deus em seu reino?

O pressuposto de todos os ensinamentos do Novo Testamento é que nós faremos uma caminhada pessoal com Deus, e que isso será uma questão de eventos reais que experimentaremos enquanto vivermos e trabalharmos *com ele*, onde estivermos, como filhos dele. E essa será, finalmente, nossa única resposta satisfatória àquele amigo que indaga: "O que está acontecendo com você?". A resposta *deve* ser esta: "Vou lhe dizer e lhe mostrar como funciona em minha vida, e você também pode se beneficiar disso. Você pode descobrir como é lidar com Deus e o que significa Deus lidar com você em cada momento de sua vida". Deus cria e mantém relacionamentos com indivíduos por meio da Palavra que lhes dirige, no âmbito dos ensinamentos bíblicos. *O reino dele funciona com palavras!*

Uma das coisas cruciais que devem ser discutidas no propício ministério da apologética é o ministério de lidar com a dúvida e afastá-la com esclarecimentos que nos vêm do Espírito Santo: Deus está falando conosco.

Deus fala conosco?

Um dos tópicos de suma importância em apologética é a questão de que Deus fala conosco. Consegue imaginar como seria um relacionamento pessoal com alguém que nunca falasse com você? Muitas pessoas acreditam que Deus não fala com indivíduos, mas elas frequentam a igreja e cantam:

Que doce voz tem meu Senhor;
Voz de amor, tão terna e graciosa,
Que enche o coração, dá consolação
Que só o crente goza.[1]

Cantamos muitos hinos sem atribuir nenhum sentido real às palavras e então dizemos: "Ora, é só uma música".

Muitos nunca se sentem confortáveis com a ideia de que Deus falaria com eles. E, visto que o Senhor não os atropelará nem baterá nos ombros deles para lhes dar um recado, por vezes eles testemunham que, de fato, Deus nunca conversou com eles.

Ouvindo Deus falar

Eu acredito que, dentre todas, a coisa mais importante que tenho a fazer é incentivar as pessoas a acreditarem que Deus *vai* falar com elas e que elas podem entender e reconhecer a voz dele. Há muitas histórias bonitas na Bíblia sobre isso. Leiam o relato narrado em Gênesis 24, que apresenta Abraão enviando seu servo mais velho a voltar para seus parentes e achar uma esposa para Isaque. É uma tarefa importante, e o servo está visivelmente preocupado com isso. Ele pergunta a Abraão o que fazer se não conseguir achar uma mulher que o acompanhe de volta. Abraão lhe diz: "[Deus] enviará o seu anjo à sua frente" (v. 7). O homem não acredita em uma única palavra do que ouve. No entanto, quando chega ao seu destino, pede ao Senhor, Deus de seu senhor Abraão (v. 12), que seja bem-sucedido em sua missão, e "antes de terminar a oração, o servo viu aproximar-se uma moça chamada Rebeca" (v. 15). É uma história maravilhosa sobre o processo pelo qual o servo aprende como dirigir-se a Deus em busca de orientação.

Deus fala com as pessoas em todo tempo, mas a maioria delas não sabe o que está acontecendo. São como o profeta Samuel, que, ainda criança, morava com o sacerdote Eli. O Senhor chegou até o leito de Samuel e o chamou: "Samuel!

Samuel!'". Achando que fosse Eli, Samuel levantou-se e foi até o sacerdote, que afirmou não tê-lo chamado e o mandou de volta para a cama. Isso aconteceu mais algumas vezes até que finalmente Eli percebeu o que estava acontecendo. Nessa bela história, narrada em 1Samuel 3, Eli disse a Samuel que, se fosse chamado de novo, deveria dizer: "Fala, Senhor, pois teu servo está ouvindo" (v. 9). Há muitos tipos de explicação sobre por que as pessoas não ouvem a voz de Deus — ou por que a ouvem, mas não sabem de que se trata. Contudo, você precisa aprender como Deus fala; não fazer isso significa minar constantemente sua confiança no relacionamento pessoal com Deus.

Muitas vezes, porém, ouvimos pessoas atestando o fato de Deus ter falado com elas. Hoje pela manhã, na igreja, uma senhora falou sobre seu casamento com um homem que não era cristão. Tampouco ela era cristã quando se casou, mas depois se converteu. A certa altura, ela estava pensando em abandonar o marido devido a problemas no casamento. Segundo ela, um dia, estando sentada, Deus lhe falou com exatidão o motivo pelo qual ela devia levar o casamento adiante. Isso é um relacionamento pessoal com Deus. Se você está mentalmente convencido de que é impossível que Deus fale com você individualmente, essa é sua fé. E sendo essa sua fé, pelo menos até onde sua experiência alcança, é isso o que provavelmente vai acontecer com você.

Ora, às vezes Deus faz coisas estranhas para conseguir a atenção das pessoas; mas a maneira fundamental de ele falar conosco é mediante a inspiração de pensamentos em nossa mente, nos quais percebemos uma qualidade, um conteúdo e um espírito característicos. Pense em como conversamos uns com os outros. Nós falamos produzindo ruídos, de modo que pequenas ondas sonoras entram nos ouvidos uns dos outros e incidem nos tímpanos, em um padrão que o cérebro transforma em linguagem. O resultado final disso tudo é que todos concebem um pensamento. Eu falo com você causando pensamentos em sua mente. Depois que você entender claramente essa ideia, pode ser bastante simples ver que Deus dispõe de muitas maneiras de provocar pensamentos em nossa mente. (Isso se você tiver estabelecido alguma base para a ideia de que *existe* um Deus, que nos criou, que há um propósito na história humana, e assim por diante.)

Ao estudar as Escrituras, você perceberá claramente Deus falando de muitas maneiras. Em Números 11 e em Êxodo 33, vemos que Deus fala com Moisés como alguém conversa com um amigo, cara a cara. Em Jeremias 23.28-29, sonhos são contrastados com a Palavra do Senhor:

> "Que esses falsos profetas relatem seus sonhos, mas que meus verdadeiros mensageiros proclamem fielmente todas as minhas palavras [...] Acaso minha palavra não arde como o fogo?", diz o Senhor. "Não é como martelo que despedaça a rocha?"

Não há aqui nenhuma sugestão de que se trate de algo audível. O próprio Jesus parece ter sido alguém que ouvia diretamente a voz de Deus. Mais tarde, as pessoas precisaram de coisas que lhes chamassem a atenção, como Saulo na estrada de Damasco e outros no livro de Atos. Não acho que deveríamos excluir nenhuma das opções, mas precisamos entender que o modo preferido de Deus é dirigir-se a ouvintes dispostos a ouvir por meio de pensamentos que lhes são transmitidos à mente, mediante "o murmúrio de uma brisa suave" (1Rs 19.12, NVI).

Aprendendo a voz do mestre

Reconhecemos vozes pela experiência. Somos no mínimo tão inteligentes quanto as ovelhas. Elas aprendem a identificar a voz de seus pastores pela experiência. Essa é uma das imagens que as Escrituras usam repetidamente para enfatizar o aprendizado da voz. Com o tempo, você aprende a diferença no espírito, no tom e no conteúdo dos pensamentos que lhe vêm à mente. Você pode ficar muito bom em verificar se um pensamento que lhe ocorreu veio de Deus. Em primeiro lugar, Deus nunca resmunga ou se lamenta com você. Contrastando com isso, descobri que há sempre uma marca de nervosismo, de mesquinhez, envolvendo os pensamentos pessoais.

Se quiser conhecer a voz de Deus tal qual ela chega até você individualmente, permita-se apenas deixar que ele o guie nesse processo. Peça que Deus fale com você e depois aguarde com atenção. Ele provavelmente vai lhe falar com clareza. Mas você têm de entender e acreditar que isso é, de fato, possível. Caso contrário, sua fé não estará à altura desse acontecimento, e você não terá a oportunidade de aprender. A razão de eu enfatizar isso aqui é esta: quando seu amigo lhe perguntar sobre seu relacionamento com Deus e sobre a razão de sua esperança, você não vai querer ter de confessar: "Bem, ele nunca fala *comigo*, mas o faz com muitas outras pessoas".

Um exemplo pessoal

Muitas pessoas me pedem exemplos de ocasiões em que ouvi claramente Deus comunicar-se comigo. Vou brevemente apresentar-lhe um de que você não se esquecerá. Tenho um filho que estava me ajudando a lidar com o computador para escrever um livro, muitos anos atrás. Tínhamos acabado de fazer planos para a parte seguinte do projeto; então, quando entrei na sala ao lado, este pensamento chegou até mim, na forma que aprendi a reconhecer: "Ele nunca vai viver para terminar aquilo". Não vou tentar provar que era Deus; estou simplesmente contando a você minha experiência.

Eu acredito que a oração faz muita diferença. Acredito que é por isso que oramos. Se você não acredita que pode mudar a mente de Deus quando ora, você não vai orar. Essa é a única razão da oração. Então, parti para a oração, e depois de algum tempo recebi a garantia de que meu filho não morreria.

No domingo seguinte, recebi um telefonema da patrulha rodoviária dizendo que nosso filho se envolvera em um acidente automobilístico e que seu estado era muito crítico. Ele fora transferido para a UTI do Centro Médico da Universidade da Califórnia. Assim, continuei a orar enquanto nos dirigíamos para o hospital. Devo dizer que ele, bem como todos ao seu redor, ficaram realmente convencidos de que uma série de coisas incomuns ocorreram naquele acidente. Por exemplo, uma enfermeira e um médico vinham imediatamente atrás do carro dele no momento do acidente, e eles puderam supervisionar desde o início o socorro que lhe foi prestado. Houve outras coisas desse tipo. Meu filho se recuperou, e sei que isso fez grande diferença espiritual na vida dele.

Apresento esse exemplo dramático porque acho que você se lembrará dele. Mas a questão é que aprendi a reconhecer a qualidade do que vem de Deus. Uma das coisas que comecei a perceber com o tempo é que durante muitos anos Deus me falou e me disse que fizesse coisas, e eu não sabia que era ele. Eu simplesmente achava que era meu próprio pensamento.

Recusando-se a ouvir a voz de Deus

Diversas objeções foram levantadas à ideia de Deus dirigindo-nos a palavra. Por exemplo, muitos pressentem que tal noção constitui uma ameaça à autoridade das Escrituras. Não, o que ameaça a autoridade das Escrituras é ensinar e agir como se Deus *não* falasse com as pessoas, uma vez que o ensinamento bíblico claro é que ele *realmente* faz isso. Leia João 14. Leia Atos. Você verá que ele o faz. As Escrituras se apresentam como uma medida histórica e objetiva do que Deus diz. É importante lembrar que nenhuma comunicação que Deus eventualmente venha a ter com alguém pode entrar em conflito com as Escrituras; por outro lado, ele também precisa nos dizer muitas coisas que não estão na Bíblia.

Por exemplo, que eu saiba, não há nenhum ponto das Escrituras que diga o que quer que seja sobre a igreja que você frequenta atualmente. No entanto, espero que seus líderes e companheiros de igreja sejam receptivos à possibilidade de Deus ocasionalmente transmitir sua vontade à sua igreja sobre decisões específicas que vocês estão tomando. Em contrapartida, uma das razões que nos envolvem em toda essa questão é que estamos constantemente recorrendo a Deus em busca de ajuda para tomar decisões. Somos nervosos, queremos tomar a decisão certa e dizemos: "Ah, Senhor, diga-me o que fazer". Mas não precisamos ficar neuróticos em relação a isso. A orientação que Deus nos dá em sua Palavra não visa substituir nosso comprometimento com ele na fé. E muitas vezes temos de sair da linha em nossas decisões, confiando em Deus sem que haja uma palavra específica da parte dele.

Também precisamos entender que, se Deus quer que saibamos de alguma coisa, ele nos dirá. Deus não brinca. Já vi pessoas travando discussões sobre orientação divina, e, antes mesmo de se darem conta, elas já vão dizendo coisas que são blasfemas, porque sugerem que Deus não consegue nos passar nenhuma informação. É como se ele pretendesse fazê-lo, mas simplesmente não o pudesse. Ou então elas se confundem em relação ao conceito de infalibilidade: "Bem, se Deus me dirigisse sua palavra, isso *me* tornaria infalível". Você sabe, Deus falou com muita gente nas Escrituras e, com uma única exceção, ninguém foi infalível.

Testando o que ouvimos

Precisamos realmente nos preocupar com pessoas que dizem que "Deus lhes disse" que fizessem alguma coisa maluca. Nenhuma profecia tem uma interpretação exclusiva, e eu nunca acredito em alguém que dá grande importância ao fato de Deus ter-lhe dito o que quer que seja, a não ser que Deus tenha dito a mesma coisa a outras pessoas. Pratico isso em minha família. Nunca digo: "Jane, vamos fazer isso porque Deus me disse". Eu pergunto a ela: "O que Deus disse a você?".

As três luzes

Uma forma de testar o que se escuta é usar o que o livro de Frederick B. Meyer *The Secret of Guidance* [O segredo da orientação] descreve como as "três luzes": circunstâncias, impressões do Espírito e passagens da Bíblia. Rick Warren acrescenta uma quarta: "a piedosa sabedoria do conselho cristão". Meyer diz:

> As impressões interiores de Deus e sua palavra exterior são sempre corroboradas por sua Providência ao nosso redor, e nós devemos calmamente aguardar até essas três [luzes] convergirem em um só ponto. [...] Se não souber o que deve fazer, pare e fique em silêncio até descobrir. E, quando chegar o momento de agir, as circunstâncias, como vagalumes, vão cintilar ao longo de seu caminho. Quando os três testemunhos de Deus ocorrerem simultaneamente, você terá tanta convicção de estar certo que não poderá tornar-se mais convicto nem mesmo se um anjo acenar para você prosseguir.[2]

Teste o que você ouve e o que ouvem os que estão ao seu redor. Em meu livro *Ouvindo Deus*, você encontrará uma discussão exaustiva sobre como testar o que se ouve,[3] mas aqui vou apenas dizer em resumo que o teste supremo para a verificação do que você pode estar ouvindo é ver se aquilo está de acordo com as Escrituras. É claro que, se você não estiver disposto a fazer o que a Palavra já lhe ensina, não faz nenhum sentido dizer: "Senhor, diga-me mais". Assim, a comparação com as Escrituras é o teste supremo do conteúdo da mensagem, mas é também o teste supremo de nosso espírito — se, em primeiro lugar, queremos seguir o que descobrimos no texto bíblico.

A realidade de um relacionamento pessoal com Deus

Embora ouvir uma mensagem de Deus seja algo que devemos preservar com cuidado, não podemos permitir que isso mine a realidade de um Deus pessoal que conversa intimamente com indivíduos. Isso é o que dá esperança às pessoas. É o que as capacita a enfrentar todas as provações, até mesmo a morte, com total confiança de que estão nas mãos de um Deus que nunca as abandonará. "E a vida eterna é isto: conhecer a ti, o único Deus verdadeiro, e a Jesus Cristo, a quem enviaste ao mundo" (Jo 17.3). E esse conhecimento é pessoal.

Se quisermos ter um relacionamento pessoal com Deus, teremos de entrar em um acordo com as preocupações manifestadas por quem não provou aquilo de que estamos falando. E ao abordar esse assunto temos de reconhecer que, em relação àqueles que ainda não abraçaram a fé, *a apologética deve evitar o nível da discussão e deslocar-se para a esfera da experiência da vida real*. Assim, a tarefa fundamental de uma apologética cristã nesse ponto é a de ajudar cristãos a superar sua confusão ou dúvida acerca de sua interação pessoal com Deus no dia a dia.

Essa é uma tarefa difícil porque significa um risco para todos nós. O que estou querendo dizer é que você acharia que devo ter algum envolvimento pessoal com Deus em meu papel de ministro, não é verdade? E o mesmo se aplicaria a qualquer ministro, certo? Você não acha que nós, de vez em quando, temos de conversar com Deus? E talvez, depois da discussão acima, que o próprio Deus falaria conosco de vez em quando? É claro, você esperaria que um ministro tivesse alguns negócios pessoais, diretos com Deus. A maioria dos cristãos também acreditaria que o que é verdade em relação ao ministro deve ser verdade em relação a todos os redimidos. Não é isso mesmo? Estamos falando sobre aquilo em que nossa vida religiosa realmente consiste. E eu quero simplesmente dizer que ela consiste em Deus falando conosco por meio de sua Palavra, bem como pessoalmente, e consiste também em nós dirigindo nossa palavra a Deus e depois, finalmente, em nossa conversa *com* Deus. Em nossas conversas de piedoso amor com Deus, nós temos de fazer mais que apresentar a Deus uma lista de vontades, necessidades e desejos e travar conversas mais profundas com ele acerca do que estamos fazendo juntos em seu mundo.

Nossa interação com Deus

Ao abordar o conceito de "falar em parceria *com* Deus", precisamos lembrar que vivemos em um universo pessoal. Tudo ao redor é mantido coeso por atos pessoais de Deus. Por exemplo, Jesus falou para as ondas do mar. Ora, se você não entender que as ondas do mar são mantidas coesas na palavra pessoal de Deus, pode sentir-se intrigado indagando por que as ondas obedeceriam à voz dele. Entende aonde quero chegar? É por essa razão que muita, muita gente tem problema com a oração — pelo fato de achar que aquilo pelo que estão orando não tem nenhuma conexão essencial com Deus, pelo menos nenhuma que faça sentido para elas.

Assim, passamos agora a analisar a questão da interação com Deus com o propósito de aproveitar bem nosso tempo e nosso lugar na história. Efésios 5.16 fala em aproveitar "ao máximo todas as oportunidades nestes dias maus". Bem, como vamos aproveitar bem essas oportunidades? Que métodos você tem em mente? A resposta é esta: interagindo com Deus onde você está.

Jesus disse: "Vocês são o sal da terra, [...] a luz do mundo" (Mt 5.13-14). Você, individualmente, está percorrendo um espaço/tempo que não será trilhado por absolutamente mais ninguém. Terá relacionamentos com outras pessoas e coisas durante o percurso desse espaço/tempo, e sua tarefa é mostrar a graça e o esplendor de Deus no lugar que você ocupa.

Ora, as pessoas que não têm um relacionamento pessoal com Deus precisam percorrer seu espaço/tempo desenraizadas de Deus. Elas não têm outros recursos além de sua própria força e inteligência, e é por isso que se comportam como se comportam. Fala-se muito de ética nos dias de hoje. Não é novidade. A Bíblia tem algumas coisas a dizer sobre ética, sobre por que as pessoas se comportam como se comportam — por estarem desenraizadas de Deus. A palavra bíblica para a condição delas é *corrupção*. Corrupção é o que acontece quando uma coisa viva é desenraizada de sua fonte de vida. Se você arrancar um pé de couve e o deixar na varanda por algumas semanas, o que vai acontecer? Ele vai morrer e se decompor e, se você deixá-lo lá por tempo suficiente, ele até se desintegrará, virando pó. Isso é corrupção.

Você recebe uma vida nova quando nasce para o reino dos céus. Essa vida é uma vida interativa com Deus. Você direciona sua mente e seus sentimentos para ele. Como diz Paulo, você mantêm o pensamento nas coisas do alto, e não nas coisas terrenas (Cl 3.2). O apóstolo fala sobre a mente do Espírito em Colossenses 3 e em Romanos 8, e sobre semear para a carne e para o Espírito em Gálatas 6. "Quem semeia para a sua carne" colherá o quê? "Destruição" (Gl 6.8, NVI). Por quê? Porque a carne por si só naturalmente morre. Ela foi concebida para viver em comunhão com Deus; nós fomos concebidos para sermos habitados por Deus. Você, que semeia para o Espírito, colherá a vida eterna. Esse tipo de vida não será presa da corrupção; ela sempre continuará viva.

Vivendo a vida do Salmo 23

Os versículos sobre "orar e dizer" que examinaremos na oração de Jesus podem ser um pouco perturbadores. Esses versículos, e outros como eles, têm o efeito de granadas que os pregadores simplesmente arremessam na plateia, e todo mundo corre em busca de abrigo. Espero que esteja disposto a suportar a tensão. No fim das contas, aprender a viver no reino dos céus é, muitas vezes, algo tenso e embaraçoso. Uma coisa que você observará nessas passagens é que, não raro, os discípulos se sentiam embaraçados porque tentavam fazer coisas e não conseguiam. Ou se sentiam chocados com aquilo que Jesus fazia de maneira tão despreocupada. Com frequência, a fé se manifesta no modo despreocupado de agir característico de certas pessoas. A expressão de sua fé encerra um toque de despreocupação.

Um velho pregador disse certa vez: "Se sua matéria é rala, você precisa gritar forte para torná-la densa". Muita gritaria acontece porque a fé dos que gritam é fraca. Na história de Elias com os quatrocentos profetas de Baal no Monte Carmelo, depois que os profetas haviam gritado durante toda a manhã pedindo que Baal respondesse, Elias lhes disse, com sarcasmo: "Vocês precisam gritar mais alto! [...] Talvez [Baal] esteja meditando ou ocupado em outro lugar. Ou talvez esteja viajando, ou dormindo, e precise ser acordado!" (1Rs 18.27). Portanto, nada de gritaria entre nós. A despreocupação mostra a confiança de nossa interação com o regime celestial de Deus aqui e agora.

Confiança despreocupada é o que constatamos em passagens como a do Salmo 23. Precisamos tomar trechos bíblicos como esse e meditar sobre eles como algo para nossa vida real. "O Senhor é meu pastor, e nada me faltará." Pare aqui por um momento e reflita: você vai passar todo o dia de hoje sem que nada lhe falte. É óbvio que o dia de hoje vai ser diferente, não é mesmo? Mas, no fim das contas, é isso o que o versículo diz. E temos outras passagens do Novo Testamento: "E esse mesmo Deus que cuida de mim lhes suprirá todas as necessidades por meio das riquezas gloriosas que nos foram dadas em Cristo Jesus" (Fp 4.19). Isso é real, ou será que devemos transformar essas belas palavras em mais um de nossos hinos? E então? Você tem isso em mente, mas... o que está em seu coração e em sua vida?

Meu objetivo neste capítulo é levá-lo, como cristão, a se concentrar por si só nessa questão. Quero que confie na constante interação que diz: "Por causa da minha experiência, porque é realidade, 'O Senhor é o meu pastor, e nada me faltará. Ele me faz repousar em verdes pastos e me leva para junto de riachos tranquilos. Renova minhas forças e me guia pelos caminhos da justiça; assim, ele honra o seu nome. Mesmo quando eu andar pelo escuro vale da morte, não terei medo, pois tu estás ao meu lado'". Hoje você não vai temer nenhum perigo. Este será mais um novo dia. Você não acha que isso é algo que nós *saberíamos*, algo de que teríamos ciência por causa da presença de Deus fazendo real diferença em nossa vida por confiarmos nele? "Tua vara e teu cajado me protegem." Varas e cajados, isso soa como experiência, não é mesmo? "Preparas um banquete para mim na presença de meus inimigos. Unges minha cabeça com óleo; meu cálice transborda. Certamente a bondade e o amor me seguirão todos os dias de minha vida, e viverei na casa do Senhor para sempre."

O Salmo 23 não foi escrito para que o recitássemos em funerais. Um de nossos problemas como igreja é que muitas das sentenças das Escrituras que visam refletir as honestas experiências daqueles que aprenderam a viver interagindo com Deus são ritualística e magicamente citadas por pessoas que não acreditam em nenhuma delas, pois morrem de medo! Nada jamais aconteceu com essas pessoas para que tenham certeza de que se trata da mão pessoal de Deus interferindo em sua vida. E isso drena a vida desses versículos. Leve com você o Salmo 23 durante todo o dia de amanhã. É a presença do Senhor conosco.

Considere esta passagem de Hebreus 13.5-6:

> Porque Deus disse: "Não o deixarei; jamais o abandonarei". Por isso, podemos dizer com toda a confiança: "O Senhor é meu ajudador, portanto não temerei; o que me podem fazer os simples mortais?".

A presença de Deus é tudo. *Essa interação entre nós e o Deus que está sempre conosco é o que de fato significa, em última análise, a ressurreição.* A ressurreição não significa simplesmente que Jesus venceu; significa que *ele está agora vivendo conosco.* Então, como isso funciona? Funciona com palavras. O reino de Deus funciona com palavras. Lembre-se, estamos falando de uma realidade que é pessoal do começo ao fim. A cadeira sobre a qual você se senta e todas as outras coisas nas quais fomos treinados tão cuidadosamente a acreditar que são independentes, não nos acompanham por si sós. Estão todas constantemente sujeitas à vontade e à palavra de Deus. Isso é fé! Essa é a fé expressa no Salmo 23.

Quando Paulo diz coisas como "conheço aquele em que creio e tenho certeza de que ele é capaz de guardar o que me foi confiado até o dia de sua volta" (2Tm 1.12), ele está falando com base na experiência. E essa experiência aconteceu em consequência de um encontro entre Deus e ele mesmo, e do conhecimento diário da mão de Deus atuando em sua vida.

Orar e dizer

Orar e *dizer* são duas categorias de palavras que proferimos e que podem ser representadas pelas seguintes histórias do Novo Testamento. Mateus 8.5-13 nos mostra um caso em que alguém observou Jesus em ação e reconheceu algo sobre ele. Enquanto examinamos estes versículos, tente formular mentalmente o que foi que essa pessoa reconheceu.

> Quando Jesus chegou a Cafarnaum, um oficial romano se aproximou dele e suplicou: "Senhor, meu jovem servo está de cama, paralisado e com dores terríveis". Jesus disse: "Vou até lá para curá-lo". (v. 5-7)

Jesus sabe que vivemos em um universo onde isso faz muito sentido. Se alguma desordem ocorrer, o problema pode ser resolvido. Assim, ele está trabalhando, e realizará aquilo com o Pai.

O oficial, porém, respondeu: "Senhor, não mereço que entre em minha casa. Basta uma ordem sua [...]" (v. 8)

"Basta uma ordem sua." Isso é um reino pessoal, e esse homem conhece o poder das palavras.

"Basta uma ordem sua, e meu servo será curado. Sei disso porque estou sob a autoridade de meus superiores e tenho autoridade sobre meus soldados." (v. 8-9)

Essa é a chave. Esse homem tinha experiência com palavras proferidas com autoridade.

Por ter autoridade, o oficial podia dizer a um soldado subordinado a ele: "Vá", e o soldado iria. Mas o que aconteceria se alguém que estivesse passando pela rua entrasse e ordenasse a um soldado que fosse? Nada! Ou, ainda, o sujeito poderia envolver-se em alguma encrenca. O oficial sabia o que significava estar no comando, dar ordens e vê-las exercer um efeito imediato. Ele observara Jesus dizendo palavras e notara um efeito semelhante; fatos *aconteciam* como consequência. É assim que as coisas funcionam em um reino pessoal.

Não há nada mágico nas palavras, mas elas têm poder quando se encaixam no reino. Observem o que Jesus diz depois de ouvir a analogia citada pelo oficial (v. 9), a qual é, essencialmente, um testamento da autoridade de Jesus. Ele se vira como quem diz: "Ouçam, gente! Quero que observem o que esse homem acaba de fazer". Jesus está falando para seus discípulos ali presentes. Não está se dirigindo aos romanos, mas aos judeus — *que deveriam, supostamente, ter conhecimento do reino de Deus* —, e ele lhes diz algo bastante desanimador:

Eu lhes digo a verdade: jamais vi fé como esta em Israel! E também lhes digo: muitos virão de toda parte, do leste e do oeste, e se sentarão com Abraão, Isaque e Jacó no banquete do reino dos céus. Mas muitos para os quais o reino foi preparado serão lançados fora, na escuridão, onde haverá choro e ranger de dentes. (v. 10-12)

Ora, isso era suficiente para que Jesus fosse sumariamente enforcado de imediato. Mas, veja, ele estava falando de fé; Jesus conhecia o ensinamento de Isaías, e ele mesmo o usou: "Este povo me honra com os lábios, mas o coração está longe de mim" (Mt 15.8). É muito triste constatar isso entre pessoas que, de certo modo, são cristãos sérios; elas dizem as palavras, mas, na verdade, seu coração está voltado para todas as outras coisas, exceto para Deus. Não quero ofender ninguém, mas você precisa entender que a fé implica a concentração do coração em Deus. No caso em análise, podemos ver como isso funciona.

O destino da figueira

Outro bom exemplo de orar e dizer está em Marcos 11.12-14; 20-24. Este aconteceu mais perto do dia da crucificação de Jesus, quando ele estava se deslocando de Betânia para Jerusalém:

> Na manhã seguinte, quando saíam de Betânia, Jesus teve fome. Viu que, a certa distância, havia uma figueira cheia de folhas e foi ver se encontraria figos. No entanto, só havia folhas, pois ainda não era tempo de dar frutos. Então Jesus disse à árvore: "Nunca mais comam de seu fruto!". E os discípulos ouviram o que ele disse. (v. 13-14)

(O filósofo Bertrand Russell usou essa história para dizer que Jesus era uma pessoa má, um homem violento e irado, do tipo que simplesmente diria: "Maldita seja esta árvore!". Mas eu entendo que essa era uma árvore na qual havia apenas folhas, quando devia haver figos. Vamos, então, seguir adiante em vez de nos enforcar nela.)

Quando eles estavam voltando para Jerusalém na manhã seguinte, "notaram que [a figueira] estava seca desde a raiz" (v. 20). Ela não estava simplesmente morta. Estava morta desde a raiz, era madeira seca. Lembre-se, este é um universo pessoal, e aquela figueira era mantida coesa pela vontade e por um ato pessoal de Deus. Ela respondeu à linguagem proferida com autoridade. Jesus não precisou dizer a Pedro: "Volte para a casa de Maria e Marta e pegue a motosserra. Vamos eliminar esta árvore!".

Depois que eles viram o que havia acontecido com a árvore, Jesus disse a seus discípulos:

> Tenham fé em Deus. Eu lhes digo a verdade: vocês poderão dizer a este monte: "Levante-se e atire-se no mar", e isso acontecerá. É preciso, no entanto, crer que acontecerá, e não ter nenhuma dúvida em seu coração. Digo-lhes que, se crerem que já receberam, qualquer coisa que pedirem em oração lhes será concedido. (v. 22-24)

Uma das coisas boas nessa passagem é que ela emprega tanto o verbo *dizer* quanto o verbo *orar* (pedir em oração), de modo que é possível entender que estamos falando da mesma coisa. Orar e dizer constituem um *continuum*.

Quando orar e quando dizer

Se você examinar Marcos 9.14-29, verá que às vezes é apropriado orar e às vezes é apropriado dizer. Essa passagem bíblica traz a história do menino possesso que foi apresentado aos discípulos enquanto Jesus estava no monte da transfiguração. Quando Jesus voltou, o pai do menino lhe disse que seus discípulos não conseguiram expulsar o demônio. Jesus respondeu: "Geração incrédula! Até quando estarei com vocês?" (v. 19), e em seguida expulsou o demônio.

> Depois, quando Jesus estava em casa com seus discípulos, eles perguntaram: "Por que não conseguimos expulsar aquele

espírito impuro?". Jesus respondeu: "Essa espécie só sai com oração". (v. 28-29)

Mas, naquela ocasião, Jesus não orou nem jejuou, não é mesmo? A impressão é a de que, agora, ele estava encrencado.

Consegue perceber que, na oração, não estamos simplesmente nos dirigindo a Deus e pedindo-lhe que despeje isso ou aquilo, aqui ou acolá? Estamos, isto sim, envolvidos em um relacionamento com o assunto sobre qual oramos. Estamos *querendo* que a vontade de Deus seja feita aqui na terra, e estamos falando com Deus sobre isso. Quando estamos autorizados a viver no nome dele, podemos falar disso submetendo-nos a Deus. De um modo ou de outro, é o mesmo triângulo. E, dependendo de onde estão nossa confiança e autoridade, vamos orar ou dizer. Dizer e orar.

O poder no nome de Jesus

Quero ter certeza de que você entende a frase-chave "em nome de Jesus" e conhece muitas ilustrações das Escrituras que tratam disso. Jesus disse a seus discípulos em João 16:

> Eu lhes digo a verdade: vocês pedirão diretamente ao Pai e ele atenderá, porque pediram em meu nome. Vocês nunca pediram desse modo. Peçam em meu nome e receberão, e terão alegria completa. (v. 23-24)

Ele lhes havia dito antes, em João 15, ao falar sobre permanecerem como ramos na videira:

> Mas, se vocês permanecerem em mim e minhas palavras permanecerem em vocês, pedirão o que quiserem, e isso lhes será concedido! (v. 7)

Jesus estava apresentando um comportamento segundo a estrutura do reino.

Em Atos 3.1-10, vemos como Pedro e João puseram isso em prática. Nessa passagem, nós os vemos subindo para o templo para orar. É um bom lugar para frequentar. No versículo 2, ficamos sabendo sobre um aleijado de nascença cuja ocupação era ficar sentado junto à porta do templo chamada Formosa e pedir esmolas. No versículo 3, esse homem é retratado exercendo seu trabalho. Vendo Pedro e João prestes a entrar no templo, o homem lhes pediu uma esmola. Em resposta, Pedro e João fixaram nele o olhar — todos os detalhes aqui são interessantes e importantes. Os dois se envolveram por inteiro com esse sujeito. Eles de fato se interessaram pessoalmente. Isso é crucial para o trabalho no reino dos céus. Muitas pessoas não têm êxito nessa área porque ainda não chegaram a ponto de realmente conectar-se com as pessoas. Elas são demasiado tímidas, inseguras ou hostis, ou dentro delas há alguma coisa que não lhes permite ser suficientemente afetuosas.

Pedro disse: "Olhe para nós!". Temos aqui uma via de mão dupla; esse é um contato pessoal concreto. E em seguida Pedro disse: "Não tenho prata nem ouro, mas lhe dou o que tenho" (v. 6).

Você supõe que Pedro de fato *tinha* consigo alguma coisa? Ele *julgou* que tinha alguma coisa, não é mesmo? Você acha que isso se traduz em experiência? Onde estava isso de que ele dispunha? Estava no corpo dele. Você já ouviu dizer que seu corpo é templo do Espírito Santo? Supõe que isso *significa* alguma coisa, ou seriam também essas palavras apenas dizeres bonitos entoados em forma de hino?

Pedro *sabia* que tinha alguma coisa. Ele procurou no bolso (eles tinham bolsos naquela época? bolsos de toga?), mas não tinha prata nem ouro. Contudo, ele sabia que tinha *alguma coisa*. Ele *sempre* tivera alguma coisa! Obviamente, ele havia aprendido isso de Jesus: "[...] mas lhe dou o que tenho. Em nome de Jesus Cristo, o nazareno [...]" (v. 6). Por que disse ele isso? Porque essa é sua *autoridade*. A autoridade está no nome.

O presente de Pedro? "Ande" (v. 6). Mas Pedro ainda não havia concluído seu encontro com o homem. Quero dizer, o caso ficou realmente embaraçoso. Continue observando os detalhes. Pedro segurou a mão do homem e o ajudou a levantar-se (v. 7). Uma das coisas que você notará se estudar o Novo Testamento de modo realista — analisando a psicologia, a cultura, a sociologia, os acontecimentos humanos que vêm em seguida — é que, em quase todos os milagres, alguém fez alguma coisa. As pessoas não ficavam simplesmente lá, plantadas, esperando que Deus agisse antes de elas estenderem sua mão. Sabe por quê? Porque elas tinham fé. E estavam dispostas a se envolver por inteiro. Pedro se envolveu completamente: "Então Pedro segurou o aleijado pela mão e o ajudou a levantar-se. No mesmo instante, os pés e os tornozelos do homem foram curados e fortalecidos" (v. 7).

A suprema apologética

A suprema apologética — isto é, o supremo fator de superação da dúvida — é o crente que age na fé, em uma vida interativa com Deus. É isso. *As pessoas precisam enxergar os indivíduos vivendo em uma interação diária com o reino dos céus*: orando e dizendo. Se quisermos de fato combater a dúvida, o que devemos combater é nossa própria hesitação em nos manifestar. E não responda a isso dizendo: "Mas eu tenho medo de fazer papel de bobo!". Os maiores bobos são aqueles que nada fazem por medo de serem vistos como bobos. E, obviamente, isso apenas mostra o tipo de fé que eles têm. Os discípulos estavam no mínimo dispostos a ser bobos, não estavam? Eles subiam em um galho, depois o serravam e despencavam no chão, e eles nem precisavam *tentar* memorizar essa lição. É que a conheciam sem que a tivessem decorado. É isso que a vida faz. O sofrimento é um grande professor.

A coisa mais importante que temos a fazer por meio da apologética é ensinar de tal maneira que as pessoas que realmente não confiam na interação genuína do indivíduo com o Grande Pastor sejam levadas a ver sentido nisso e se sintam inspiradas a experimentá-lo: isto é, elas *tentarão alguma coisa*. Esse é o ponto em que Deus se encontrará com elas. E, quando isso acontece, elas devem se sentir dissuadidas de dizer: "Ah, foi coincidência". Mas Deus quer saber com que intensidade elas o querem. Quando algumas pessoas dão um ou dois passos e Deus se encontra com elas, elas chamam isso de "coincidência", e sua fé nunca decola. Por que dizem isso? Porque não querem parecer bobas; não querem parecer ingênuas.

Abraão, o homem da fé, partiu sem saber para onde estava indo. Isso não foi um salto no escuro da fé, porque Abraão conhecia Deus. Ele *conhecia* Deus. Ele não sabia aonde estava indo, mas sabia que estava indo com Deus. É isso que nosso conhecimento do reino faz. Compartilhando esses pensamentos com outros crentes, podemos abrir a mente deles para uma nova dimensão de fé e esperança, de visão e trabalho, na medida em que eles agora leem com um novo olhar palavras como essas das Escrituras e enxergam o estilo de vida do reino de Deus. Isso nos possibilita caminhar confiantes na fé e convidar outros a se unirem a nós.

O primeiro passo para quem deseja entrar para a família de Deus é o óbvio reconhecimento de que é necessário um ato de adesão; presentemente, tal pessoa não participa da família divina. E ninguém pode entrar para a família de Deus sob o pretexto de ter o direito de fazê-lo. Todos entram, se é que de fato entram, *Dei gratia*, pela bondade do chefe da família, Deus Pai. Não há exceções para essa regra. Uma profunda humildade é pré-requisito para entrar no grupo. Mas entrar significa entrar para a vida, pois aqueles que entram descobrem finalmente o que é ser amado e ser repleto de amor — não de sentimento, mas de amor — por todas as pessoas, independentemente de elas serem ou não membros da família de Deus. O amor, como outras atitudes e virtudes, não pode ser ensinado. Ele só pode ser assimilado. Você pode ensinar às pessoas que elas *devem* amar, mas não pode ensiná-las *a amar*. Mas, quando as pessoas entram para a família de Deus, elas ficam em condição de contrair as divinas "doenças" do amor, da paciência, da gentileza etc.

E, uma vez que as pessoas estão no seio da família, elas podem ver muitas coisas que nunca viram antes. Elas tendem a descobrir que passaram grande parte de seu tempo de vida fugindo de certos fatos pessoais desagradáveis, sobretudo do fato de que foi totalmente absurdo da parte delas querer e exigir que outros as amassem. Outra coisa que descobrem é que muitas das decepções e provações aconteceram para seu bem e que outras decepções se deveram a graves erros cometidos por elas mesmas.

Precisamos ajudar os outros durante todo esse processo, de modo tal que vá além da apologética tradicional, a qual consiste em apresentar argumentos que resolvem possíveis objeções. Devemos adotar uma postura didática que pressupõe a investigação para chegar ao conhecimento, uma postura de descoberta compartilhada e de entendimento *comunitário*. Essas são partes naturais e essenciais da convivência comunitária. Mantenha, portanto, a postura didática em sua vida, e trabalhe com os que estão ao seu redor seguindo o estilo gentil de Jesus. Agindo assim, você de fato prestará um serviço em prol de todos no desempenho da apologética.

> *Bondoso Senhor, nós te agradecemos por termos sido atraídos para o teu reino. Somos agradecidos, onde quer que estejamos: no nosso trabalho, na nossa família, na nossa diversão ou no que quer que possa acontecer, por saber que estamos sob o regime do teu reino, que o céu está sobre nós e que Deus reina. Senhor, ajuda-nos a ser simples, humildes e atenciosos, ouvindo os outros e ajudando-os a abraçar a fé no Único doador da vida. Em nome de Jesus nós oramos. Amém.*

Agradecimentos

Há muita gente a quem devo agradecer pela elaboração deste livro. Permita-me começar agradecendo aos funcionários e membros da Igreja da Graça, que convidaram um humilde filósofo para lhes ministrar palestras sobre a apologética cristã. Sinto-me agradecida a meu pai por sua orientação e seu apoio na empreitada de tornar estas palavras em livro a fim de que um público muito maior pudesse beneficiar-se delas.

Muitíssimo obrigada a Jane Willard, Michael Maudlin, Bill Heatley e Larissa Heatley por seu constante apoio e paciência no percurso de muitos altos e baixos enfrentados na feitura deste livro. Agradeço o trabalho de Alexander Lamascus, que ajudou na transcrição de algumas palestras, e a competência e o discernimento de meus editores, Michael Maudlin e Elsa Dixon.

Vários amigos e ex-alunos de meu pai me aconselharam ao longo do caminho, especialmente J. P. Moreland, Joe Gorra e Bill Heatley. Frank Pastore e John Ortberg contribuíram fazendo o que fazem naturalmente: apresentar a meu pai perguntas sempre muito boas.

Sou eternamente grata a meus pais pela herança e profunda fé cristã que eles viveram e me transmitiram. E agradeço o amor e as orações da minha família de estudo bíblico, que, com grande fidelidade, apresenta perante o trono de Deus não apenas a minha vida, mas também a minha família e nossos esforços.

Acima de tudo, *graças sejam dadas a Deus por seu dom inefável!*

Rebecca Willard Heatley

Fontes suplementares para estudo

Livros

Agostinho de Hipona, *A Cidade de Deus*. Muitas edições. Escrito no início do século 5 para explicar o cristianismo em relação a religiões e filosofias rivais.

Greg L. Bahsen, "Socrates or Christ: The Reformation of Christian Apologetics", em Gary North, ed., *Foundations of Christian Scholarship*. Portland, OR: Ross House, 1976, p. 91-239.

A. B. Bruce, *Apologetics, or Christianity Defensively Stated*. Edinburgo: Clark, 1905. A introdução contém excelentes declarações sobre o que é a apologética.

L. Russ Bush, ed., *Classical Readings in Christian Apologetics: A. D. 100-1800*. Grand Rapids, MI: Academie, 1983.

Joseph Butler, *The Analogy of Religion to the Constitution and Course of Nature*. Londres: Horsfield, 1765. Joseph Butler foi um bispo anglicano e um dos grandes apologetas da igreja cristã. Sua obra mostra que se nós simplesmente aplicarmos à área da religião os padrões de raciocínio que aplicamos a todas as outras coisas, as verdades da fé cristã resistirão a esse teste, e chegaremos ao conhecimento de Deus. Um grande crítico desse raciocínio é David Hume, que escreveu *Diálogos sobre a religião natural* (1779).

Quem estiver realmente interessado em investigar os dois lados da argumentação poderia optar por analisar as duas obras.

E. J. Carnell, *An Introduction to Christian Apologetics*. Grand Rapids, MI: Eerdmans, 1948.

Irving M. Copi, *Introduction to Logic*. Numerosas edições, mas, se possível, encontre uma edição mais antiga. Boa introdução aos conceitos básicos de lógica.

William Lane Craig, *Em guarda: Defenda a fé cristã com razão e precisão*. São Paulo: Vida Nova, 2011.

Norman L. Geisler, *Ética cristã*. Fortaleza: Nova Vida, 2010.

Étienne Gilson, *History of Christian Philosophy in the Middle Ages*. Nova York: Random House, 1955. Especialmente as partes 1 e 2.

Timothy Keller, *A fé na era do ceticismo: Como a razão explica Deus*. São Paulo: Elsevier, 2008. Um bom tratamento contemporâneo de muitos tópicos de grande importância. Recomento particularmente a introdução e os capítulos 1, 2 e 9.

C. S. Lewis. Sugiro que você leia toda a obra de C. S. Lewis, mas, visando aos propósitos específicos de nossos esforços no campo da apologética, recomendo encarecidamente *Cristianismo puro e simples*, *O problema do sofrimento*, *Cartas de um diabo ao seu aprendiz* e *God in the Dock* [Deus no banco dos réus]. Há diversas edições disponíveis de algumas dessas obras.

James D. Martin, *The Reliability of the Gospels*. Londres: Hodder & Stoughton, 1959. Um bom tratamento da confiabilidade dos evangelhos, como sugere o título.

John Montgomery, *Faith Founded on Fact: Essays in Evidential Apologetics*. Nashville: Thomas Nelson, 1978.

J. P. Moreland. Como no caso de C. S. Lewis, seria bom que você lesse todas as obras de Moreland, mas particularmente estas: *Racionalidade da fé cristã*. São Paulo: Hagnos, 2013; *Does God Exist? The Debate Between Theists and Atheists*, em colaboração com Kai Nelson. Amherst, NY: Prometheus, 1993; e *Scaling the Secular City*. Grand Rapids, MI: Baker, 1987.

Max Picard, *The Flight from God*. Washington, DC: Regnery, 1951. Esse pungente livrinho de alguns anos atrás descreve o que agora se tornou o estilo de vida que predomina no Ocidente. Deus e seus mandamentos podem ser automaticamente admitidos na maioria dos contextos sociais quatro décadas atrás, mas hoje o que se supõe é o secularismo.

John Polkinghorne, *The Polkinghorne Reader: Science, Faith, and the Search for Meaning*, ed. Thomas Jay Oord. West Conshohocken, PA: Templeton, 2010. Uma preciosa coleção de textos escritos por um "cientista-teólogo" de primeira grandeza. Entre os tópicos tratados estão a natureza da ciência, o mundo físico, a natureza humana, a criação e o tempo.

Bernard Ramm, *Varieties of Christian Apologetics*. Grand Rapids, MI: Baker, 1961.

J. K. S. Reid, *Christian Apologetics*. Grand Rapids, MI: Eerdmans, 1970.

Jean-François Revel, *The Flight from Truth*. Nova York: Random House, 1991. Um estudo de como a fraude foi a estrutura que controlou a existência no século 20.

Bertrand Russell, *Por que não sou cristão*. Há várias edições em português.

Patrick Sherry, *Spirit, Saints, and Immortality*. Albany: State Univ. of New York Press, 1984. Os pontos significativos do livro são a existência de pessoas santas como um dado fundamental da apologética, embora Sherry não use com frequência esse termo, implicando quatro subcomponentes: o Espírito de Deus, a santidade, a semelhança com Deus e a imortalidade (vida futura).

R. C. Sproul, John Gerstner e Arthur Lindsley, *Classical Apologetics: A Rational Defense of the Christian Faith and a Critique of Presuppositional Apologetics*. Grand Rapids, MI: Academie, 1984. Ver meus comentários no capítulo 5.

John R. W. Stott, *Crer é também pensar*. Viçosa: MG: Ultimato, 2012. Um livro muito pequeno (88 páginas) que mostra como a fé e o pensamento andam juntos.

Elton Trueblood, *A Place to Stand: A Practical Guide to Christian Faith as a Solid Point from Which to Operate in Contemporary Living*. Nova York: Harper & Row, 1969.

Cornelius Van Til, *Por que creio em Deus*. Brasília: Monergismo & Refúgio, 2012. Especialmente os capítulos 5-7.

Dallas Willard, *Conhecendo a Cristo hoje*. São Paulo: Ichtus, 2011.

Sites

<www.dwillard.org>. Muitos dos artigos e outros materiais grátis do dr. Willard, inclusive um glossário de apologética para acompanhar este livro.

<www.reasonablefaith.org>. Apresenta uma perspectiva cristã inteligente, articulada e firme e, no entanto, cortês sobre importantes questões relativas à verdade da fé cristã. Veicula a obra de William Lane Craig.

<www.reasons.org>. Valiosa fonte para a discussão de como a pesquisa científica corrobora a verdade da Bíblia e a fé em Deus. Normalmente atualizado com as mais recentes descobertas.

Disciplinas espirituais e discipulado

Richard Foster, *Celebração da disciplina: o caminho do crescimento espiritual*. São Paulo: Vida, 1983.

John Ortberg, *The Life You've Always Wanted: Spiritual Disciplines for Ordinary People*. Grand Rapids, MI: Zondervan, 2002. Uma boa introdução para iniciantes nas disciplinas espirituais.

Dallas Willard, *O Espírito das disciplinas: Entendendo como Deus transforma vidas*. São Paulo: Habacuc, 2003.

Notas

Introdução

[1] Partes desta introdução foram originalmente publicadas na forma de artigo: "Apologetics in the Manner of Jesus", *Facts for Faith* (Reasons to Believe, 1999). Disponível em: <http://www.dwillard.org/articles/artview.asp?artID=152>. Acesso em: 8 de nov. de 2017.

[2] Esta palavra grega para "humildade" inclui a ideia de se ter uma opinião humilde de si mesmo, um profundo senso de pequenez moral, de modéstia, de subserviência e de simplicidade de pensamento.

Capítulo 1

[1] O termo "os céus", no plural, retrata com maior exatidão a presença direta de Deus para aqueles que nele confiam e o servem. Nada — nenhum ser humano ou instituição, nenhum tempo, nenhum espaço, nenhum ser espiritual, nenhum evento — se interpõe entre Deus e aqueles que confiam nele. "Os 'céus' estão sempre ali com você, independentemente de qualquer coisa que aconteça, e o 'primeiro céu', em termos bíblicos, é precisamente a atmosfera ou o ar que circunda o seu corpo [...] o espaço imediatamente em torno de nós que Deus vigia e age." Ver uma discussão mais completa dessas expressões em Dallas Willard, *A conspiração divina: O verdadeiro sentido do discipulado cristão* (São Paulo: Mundo Cristão, 2001), p. 87.

[2] Jane Wagner, *The Search for Signs of Intelligent Life in the Universe*, ed. rev. (Nova York: Harper Perennial, 1991), p. 18.

Capítulo 2

[1] Richard Robinson, *An Atheist's Values* (Oxford: Clarendon, 1964), p. 120.
[2] Ver J. P. MORELAND, *Love Your God with All Your Mind: The Role of Reason in the Life of the Soul*, ed. rev. (Colorado Springs: NavPress, 2012).

Capítulo 3

[1] John Stott, *Your Mind Matters* (Downers Grove, IL: InterVersity, 2006 [publicado no Brasil como *Crer é também pensar*. São Paulo: ABU Editora, 2012]), p. 37.
[2] Em *Your Mind Matters*, p. 38, citação de D. Martyn Lloyd-Jones, *Studies in the Sermon of the Mount* (Grand Rapids, MI: Eerdmans, 1960), p. 129-130.
[3] Joseph Glanvill (1636-1680), citado por Andrew Martin Fairbairn em *The Philosophy of Christian Religion* (Londres: Hodder and Stoughton, 1903), p. ii.
[4] O conversor de Bessemer é um grande recipiente com formato de pera usado para manufatura de aço a partir do ferro. O princípio-chave do processo é a remoção de impurezas do ferro por meio da oxidação com ar quente soprado através do ferro fundido. A oxidação também aumenta a temperatura da massa de ferro e o mantém fundido.
[5] A. B. Bruce, *Apologetics, or Christianity Defensively Stated*, 3ª ed. (Edinburgo: International Theological Library, 1905), p. 37.
[6] Charles Finney, *Revival Lectures* (Old Tappan, NJ: Revell, s. d.), p. 201.

Capítulo 4

[1] Epictectus, *Works*, trad. de Carter-Higginson, abreviada, livro 1, cap. 16.
[2] George Fox, *The Journal of George Fox*, Everyman's Library (Londres: Dent, 1948), p. 15.
[3] C. S. Lewis, *The Abolition of Man* (Londres: Oxford University Press, 1943 [publicado no brasil como *A abolição do homem*. São Paulo: Martins Fontes, 2012]).
[4] No terceiro capítulo de meu livro *A renovação do coração* (São Paulo: Mundo Cristão, 2007), discuto com mais detalhes acerca dessa questão sobre o inferno e como alguém chega até ele.

[5] C. S. Lewis, *The Great Divorce* (San Francisco: HarperOne, 2009 [publicado no brasil como *O grande abismo*. São Paulo: Vida, 2009]), p. 75.
[6] A. E. Wilder-Smith, *He Who Thinks Has to Believe* (Green Forest, AR, New Leaf, 1982).
[7] J. L. Mackie, *The Miracle of Theism: Arguments for and Against the Existence of God* (Nova York: Oxford University Press, 1982).
[8] Arthur Koestler, *The Sleepwalkers: A history of Man's Changing Vision of the Universe* (Londres: Penguin, 1990 [publicado no Brasil como *Os sonâmbulos: História das ideias do homem sobre o universo*. São Paulo: Ibrasa, 1961]).
[9] Citado em Harry Emerson Fosdick, *Great Voices of the Reformation: An Anthology* (Nova York: Random House, 1952), p. 122.

Capítulo 5

[1] Existe também o que se chama de prova dedutiva ou analógica. Se empregarmos o padrão da implicação ou da consequência lógica de premissas à conclusão, praticamente todos os argumentos que usamos durante a vida se mostrarão inválidos. Diremos então que não são provas. O passo seguinte é (se você tender a isso, e eu não sei quais são suas tendências epistemológicas) dizer que não sabemos se a conclusão é verdadeira. Isso significa que a conclusão seria falsa, e as premissas, verdadeiras. Mas certamente quase tudo o que temos em conta de conhecimento não se adapta a esse tipo de rigorosa exigência. Mencionei os prédios urbanos porque esse é obviamente um caso em que as pessoas têm muita facilidade para tirar a conclusão verdadeira a partir de suas premissas. E tudo o que pretendemos fazer aqui, no campo da religião, é aplicar ao nosso assunto os mesmos tipos de padrões que as pessoas aplicariam a outros assuntos em geral. Assim, se entrar nos detalhes desse argumento, como no caso de qualquer argumento analógico ou indutivo, você vai questionar se as premissas de fato são ou não são o tipo de premissas que torna a conclusão razoável em outros casos. Não que isso não mereça nenhuma censura, mas é assim que você procederia.
[2] Trecho de "Tu és fiel", hino 25 do Hinário do Cantor Cristão (HCC), traduzido com base em "Great is Thy Faithfulness", letra de Thomas O. Chisholm e música de William M. Runyan, 1923.
[3] "Break Thou the Bread of Life" (1877), letra de Mary A. Lathbury e música de William F. Sherwin.

⁴ Em particular, as obras de F. F. Bruce *The New Testament Documents: Are They Reliable?* (Grand Rapids, MI: Eerdmans, 2003) e *The Defense of the Gospel in the New Testament* (Grand Rapids, MI: Eerdmans, 1981).
⁵ R. C. Sproul, John Gerstner e Arthur Lindsley, *Classical Apologetics* (Grand Rapids, MI: Zondervan, 1984).

Capítulo 6

¹ C. S. Lewis, em *O problema do sofrimento* (São Paulo: Vida, 2009), apresenta um maravilhoso tratamento sobre o papel e o lugar do sofrimento neste mundo.
² Um argumento é julgado sob duas perspectivas: 1) Quando formulado, o argumento tem todas as partes corretas (premissas e conclusão)? (Todo argumento formalmente válido se apresenta de forma correta.) 2) Os conteúdos das premissas são verdadeiros por si só?
³ Aldous Huxley, *Admirável mundo novo* (São Paulo: Editora Globo, 2001), cap. 17.
⁴ Obviamente, o parto é a primeira evidência de que isso é verdadeiro. Mas há outras: o treinamento de todos os tipos (atlético, musical, artístico, acadêmico), os procedimentos médicos, os deveres vocacionais (de bombeiros, soldados, médicos). O artigo "Unto This Last" [Até este último], de John Ruskin (*Cornhill Magazine*, dez. 1860), apresenta um quadro nítido das causas pelas quais lutam os que exercem profissões que preservam os bens da sociedade.
⁵ Jeremy Bentham, *Introduction to the Principles of Morals and Legislation* (Oxford: Clarendon, 1907 [publicado no Brasil como *Uma introdução aos princípios da moral e da legislação*. São Paulo: Nova Cultural, 1989]), p. I.
⁶ Omar Khayyám, *Rubáiyát of Omar Khayyám: The Astronomer-Poet of Persia*, trad. Edward FitzGerald (Nova York: Crowell, 1921), quadra 99.
⁷ C. S. Lewis, *O peso da glória* (São Paulo: Vida Nova, 1993), p. 11.
⁸ Thomas Moore, "Come, Ye Disconsolate", *Sacred Songs*, 1816.
⁹ David Hume, *Diálogos sobre a religião natural* (São Paulo: Martins Fontes, 1992), p. 136: "A divindade quer evitar o mal, mas não é capaz disso? Então ela é impotente. Ela é capaz, mas não quer evitá-lo? Então ela é malévola. Ela é capaz de evitá-lo e quer evitá-lo? De onde, então, provém o mal?".

¹⁰ O desprezo resulta de ódio previamente estabelecido e nos leva a pensar em alguém de um modo tão degradante que nem sequer vemos tal pessoa como ser humano.
¹¹ Para uma discussão mais detalhada sobre como lidar com o desejo, veja meu artigo "The Spirit Is Willing: The Body as a Tool for Spiritual Growth", em *Christian Educator's Handbook on Spiritual Formation*, ed. Kenneth Gangel e James Wilhoit (Grand Rapids, MI: Baker, 1994). Consulte também meu trabalho "Beyond Pornography: Spiritual Formation Studied in a Particular Case" (apresentado na conferência Christian Spirituality and Soul Care, realizada na Talbot School of Theology em setembro de 2008) e meu livro *A renovação do coração* (São Paulo: Mundo Cristão, 2007).
¹² Francis Thompson, "The Hound of Heaven", em D. H. S. Nicholson e A. H. Lee, eds., *The Oxford Book of Mystical Verse* (Oxford: Clarendon, 1917), #239.

Capítulo 7

¹ Trecho de "A voz de Jesus", hino do Cantor Cristão traduzido por Manuel Avelino de Souza com base em "In the Garden", de Charles A. Miles, 1913.
² Frederick B. Meyer, *The Secret of Guidance* (Chicago, Moody, 2010), p. 28-29.
³ Dallas Willard, *Hearing God: Developing a Conversational Relationship with God* (Downers Grove, IL: InterVarsity, 1999 [publicado no Brasil como *Ouvindo Deus*. Viçosa: Ultimato, 1999]).

Compartilhe suas impressões de leitura escrevendo para:
opiniao-do-leitor@mundocristao.com.br
Acesse nosso *site*: www.mundocristao.com.br

Equipe MC:	Daniel Faria (editor)
	Heda Lopes
	Natália Custódio
Diagramação:	Luciana Di Iorio
Gráfica:	Assahi
Fonte:	Adobe Garamond Pro
Papel:	Lux Cream 70 g/m² (miolo)
	Cartão 250 g/m² (capa)